高质量共建"一带一路"丛书 | 王守军 胡必亮 主编

"一带一路"
与全球减贫

周敏丹 鄢 姣 胡必亮

刘诗琪 陈志华 著

BELT
AND
ROAD

北京师范大学出版集团
BEIJING NORMAL UNIVERSITY PUBLISHING GROUP
北京师范大学出版社

总　序

2008 年，金融危机在美国全面爆发并迅速通过股市、债市、汇市、贸易、投资等渠道快速扩散到了与美国经济金融关系紧密的欧洲，因此欧洲很快也陷入了严重的债务危机之中。同时，金融危机也蔓延到了整个世界，新兴市场国家和发展中国家也深受其害。为减轻不利影响，世界各国都采取了积极应对之策以稳定金融秩序、刺激经济增长。美联储在一年左右时间连续降息 10 次后使联邦基金利率为零，奥巴马总统上台不到一月就签署了总额为 7870 亿美元的经济刺激计划；我国的反应更快，在美国金融危机尚未全面爆发之时，国务院已于 2008 年 11 月出台了十项措施，投资 4 万亿人民币刺激经济增长；欧盟建立了一个总额为 7500 亿欧元的救助机制以遏制债务危机的进一步扩散并捍卫欧元。总之，世界各国、各区域都采取了积极救市政策，试图缓解和控制金融危机的扩散。

尽管如此，2008年的全球金融危机还是给全世界的金融、经济、政治等各方面都带来了很多负面影响，而且这些影响是长期的、深刻的。以欧洲为例，直到2012年，欧洲债务危机仍然十分严重，欧洲经济疲软、失业率居高不下。其他地区和国家的具体情况可能有所不同，但总体而言2008年的全球金融危机发生多年后，世界金融市场并不稳定，经济增长仍然乏力，失业率依然较高，有些国家还出现了政治动荡，全球治理更加失序。

在这样的历史背景下，联合国和其他国际组织以及很多国家都提出了一些帮助世界稳定金融秩序、促进经济增长、完善全球治理的倡议和方案。也正是在这样的国际大背景下，结合中国进入新时代后构建全面对外开放新格局的需要，习近平总书记利用他2013年秋对哈萨克斯坦和印度尼西亚进行国事访问的机会，先后提出了共建丝绸之路经济带和21世纪海上丝绸之路的重大倡议，合称"一带一路"倡议。

习近平总书记提出共建"一带一路"倡议的基本思路，就是用创新的合作模式，通过共同建设丝绸之路经济带和21世纪海上丝绸之路，加强欧亚国家之间以及中国与东盟国家之间乃至世界各国之间的政策沟通、设施联通、贸易畅通、资金融通、民心相通，从而使世界各国之间的经济联系更加紧密、相互合作更加深入、发展空间更加广阔。从经济方面来看，通过共建"一带一路"，加强世界各国的互联互通，更好地发挥各国比较优势，降低成本，促进全球经济复苏；从总体上讲，参与共建各方坚持丝路精神，共同把"一带一路"建成和平之路、繁荣之路、开放之路、创新之路、文明之路，把"一带一路"建成互利共赢、共同发展的全球公共产品和推动构建人类命运共同体的实践平台。

在共建"一带一路"倡议提出五年多时间并得到世界绝大多数国家和国际组织认可、支持并积极参与共建的良好形势下，习近平总书记在 2019 年 4 月举行的第二届"一带一路"国际合作高峰论坛上又进一步提出了高质量共建"一带一路"的系统思想，包括秉承共商共建共享原则，坚持开放、绿色、廉洁理念，努力实现高标准、惠民生、可持续目标等十分丰富的内容，得到了参会 38 国元首、政府首脑和联合国秘书长、国际货币基金组织总裁以及广大嘉宾的高度认可。这标志着共建"一带一路"开启了高质量发展新征程，主要目的就是要保障共建"一带·路"走深走实，行稳致远，实现可持续发展。

面对 2020 年出现的新冠肺炎疫情全球大流行的新情况，习近平总书记提出要充分发挥共建"一带一路"国际合作平台的积极作用，把"一带一路"打造成团结应对挑战的合作之路、维护人民健康安全的健康之路、促进经济社会恢复的复苏之路、释放发展潜力的增长之路；2021年4月，习近平总书记又提议把"一带一路"建成"减贫之路"，为实现人类的共同繁荣作出积极贡献。

随着共建"一带一路"的国际环境日趋复杂、气候变化等国际性问题更加凸显，习近平总书记从疫情下世界百年未有之大变局加速演变的现实出发，在2021年11月举行的第三次"一带一路"建设座谈会上，就继续推进共建"一带一路"高质量发展问题提出了有针对性的新思想。重点是两个方面的内容：一方面，坚持"五个统筹"，即统筹发展和安全、统筹国内和国际、统筹合作和斗争、统筹存量和增量、统筹整体和重点，全面强化风险防控，提高共建效益；另一方面，稳步拓展"一带一路"国际合作新领域，特别是要积极开展与共建国家在抗疫与健康、绿色低碳发展与生态环境和气候治理、数字经济特别是"数字电商"、科技创新等新领域的合作，培养"一带一路"国际合作新增长点，继续坚定不移地推动共建"一带一路"高质量发展。

在我国成功开启全面建设社会主义现代化国家新征程、向第二个百年奋斗目标进军的关键历史时刻，习近平总书记在中国共产党第二十次全国代表大会上又一次明确指出，推动共建"一带一路"高质量发展。

为了全面、准确理解习近平总书记关于高质量共建"一带一路"的系统思想，完整、系统总结近十年来"一带一路"建设经验，研究、展望高质量共建"一带一路"发展前景，北京师范大学一带一路学院组织撰写了这套《高质量共建"一带一路"丛书》，对"一带一路"基础设施建设、"一带一路"与工业化、"一带一路"贸易发展、"一带一路"金融合作、绿色"一带一路"、数字"一带一路"、"一带一路"与新发展格局、"一带一路"与人类命运共同体、"一带一路"投资风险防范等问题进行深入的专题调查研究，形成了目前呈现在读者面前的这套丛书，希望为广大读者深入理解高质量共建"一带一路"从思想到行动的主要内容和实践探索提供参考，同时更期待大家的批评指正，帮助我们今后在高质量共建"一带一路"方面取得更好的研究成果。

2021 年中国共产党隆重地庆祝百年华诞，2022 年党的二十大的召开，对推进我国社会主义现代化强国建设都具有十分重要的战略意义；今年也是北京师范大学成立一百二十周年。因此，我们出版这套丛书，对高质量共建"一带一路"这样一个重大问题进行深入探讨，很显然也具有重要且独特的历史意义。北京师范大学出版集团党委书记吕建生先生、副总编辑饶涛先生、策划编辑祁传华先生及其团队成员都非常积极地支持这套丛书的出版，并为此而付出了大量时间，倾注了大量心血，对此我们表示衷心感谢！我们的共同目标就是希望用我们的绵薄之力，为推动共建"一带一路"高质量发展、为实现中华民族伟大复兴以及为推动构建人类命运共同体而作出应有的贡献。

王守军　胡必亮

2022 年 10 月 26 日

前　言

　　2013 年，习近平主席提出"一带一路"倡议。在过去几年里，中国把助力发展中国家的减贫事业、支持联合国 2030 年可持续发展议程融入"一带一路"建设中，以"共商共建共享"为宗旨，以实现高标准、惠民生、可持续为目标，以政策沟通、设施联通、贸易畅通、资金融通、民心相通为主要内容，以直接投资、工程承包、装备贸易、技术合作为主要形式，促进了相关国家和区域层面的经济合作，造福了当地百姓，推动着世界朝更开放、更包容、更普惠、更平衡、更共赢的方向发展，为全球减贫作出了很大贡献。

本研究基于相关文献资料，对"一带一路"的减贫影响进行了梳理，构建了"一带一路"国际合作倡议减贫效应的理论解释；再通过实证分析，具体探讨与"一带一路"的"五通"相对应的各类投资和援助项目对"一带一路"相关国家的减贫效果；继而剖析了"一带一路"与减贫建设的运行机制研究；最后以中老铁路、柬埔寨西哈努克港经济特区和中国与埃塞俄比亚的农业合作作为案例研究，探讨了这些"一带一路"重点项目或合作领域对相关国家产生的减贫影响，以期完善关于"一带一路"和减贫的探讨。本研究主要由以下六章内容构成。

第一章，导论。包括研究背景、研究意义、研究思路和创新之处。从落实《联合国 2030 年可持续发展议程》，到 2020 年打好中国脱贫攻坚之战的时代背景，再到"一带一路"倡议提出后推动中国对外减贫合作进入一个新的历史阶段等角度概述本书的研究背景，揭示了本书对切实推进中国与共建"一带一路"国家的减贫合作具有的重要意义。

第二章，"一带一路"倡议减贫效应的理论分析。通过对贫困的定义、类型及影响因素和包容性增长的定义、测度方法、影响因素及渠道进行系统梳理，以及对"一带一路"倡议减贫效应进行理论解释，表明了基建互联及民心互通分别代表"硬件基础设施"和"软件基础设施"，具有较强的正外部性，二者对于"一带一路"相关国家的减贫效果预期具有一致的正向影响，这一点也为既有研究所证实。并且，"一带一路"在"五通"所产生的减贫效应，可能会随着互联互通建设的深入发展产生分化。

第三章，"一带一路"建设与减贫的实证分析。"一带一路"国际合作减贫效应的实证研究，分别从宏观和微观两个层面，利用宏观统计数据和微观实地调研数据，采用广义矩估计（GMM）等计量经济学模型考察中国对"一带一路"沿线国家的投资和援助对减少贫困人口的影响。实证结果显示，对外直接投资可显著降低东道国的贫困人口占比，但是援助对减贫并没有显著的作用。可能的原因是对外直接投资的项目更加注重经济回报，更加注重效率而非公平，投资项目无论是在风险评估还是在战略规划等方面都非常谨慎，因此投资对东道国的经济发展具有更好的推动作用。而援助相对更加倾向于公共基础设施等非营利项目，这可能也是援助并不能显著降低东道国贫困率的一个原因。

第四章，"一带一路"建设与减贫机制研究。结合第二章、第三章的理论解释和实证分析内容，本章将进一步梳理并分析"一带一路"建设与减贫的运行机制，即"一带一路"的"五通"内容对减贫合作产生了何种影响以及是怎样产生影响的，进而得出基础设施减贫、产能合作减贫、贸易往来减贫、金融合作减贫、教育合作减贫五个方面的减贫机制。

第五章，"一带一路"建设与减贫的案例研究。本章选取了中老铁路、柬埔寨西哈努克港经济特区、中国与埃塞俄比亚的农业合作为案例，从这些国家的贫困现状、贫困特征等角度切入，梳理中国与其进行的减贫合作情况，并对减贫成果进行综合评价。总的来说，这三个案例都体现出"一带一路"倡议下的基础设施建设合作、园区建设和农业合作等方式对相关国家产生了积极的减贫影响，但减贫合作仍有提升的空间。

第六章，"一带一路"建设助力国际减贫事业发展的政策。本章重点探讨了"一带一路"倡议下中国和相关国家在八个方面开展减贫合作的政策建议：明确将"减贫"纳入"一带一路"框架；加大投资力度，以重点工程为引领推动基础设施减贫；发挥资源禀赋优势，推进产业园区建设以带动产业合作减贫；优化贸易结构，推动自贸区建设以加大贸易减贫；对接农业规划，加强人才培训和项目监管以推进农业合作减贫；推动资金融通和货币流通，加强风险把控以增强金融减贫；加强大学合作和职业教育培训以促进教育合作减贫；动员各方力量推动减贫合作，构建全方位、宽领域、多渠道的减贫合作大格局。

目　录

第一章 | 导 论

一、研究背景

以"共商共建共享"为基本原则、以深化"五通"合作为主要内容、以构建全面开放新格局为核心目标的共建"丝绸之路经济带"和"21世纪海上丝绸之路",是习近平分别于2013年9月和10月提出的围绕生产能力新建、转移和提升,以发展制造业、建设基础设施和开发资源能源为主要内容的国际合作倡议。"一带一路"倡议的实施与深入推进,为中国与"一带一路"共建国家开展合作交流提供了重要平台，为世界经济的增长提供了新动力，也为"一带一路"共建国家减贫、脱贫提供了新的机遇和中国经验。

事实上，贫困一直是人类社会长期面临的重大问题，又是制约人类社会发展的重要因素。消除贫困，既是人类的共同使命，也是落实《联合国 2030 年可持续发展议程》（以下简称《2030 年议程》）的主要内容。《2030 年议程》提出了 17 个可持续发展目标，其中首要目标就是要在全世界消除一切形式的贫困。但是，2015 年全世界极端贫困人口仍有 7.36 亿，他们对医疗、教育、用水和卫生设施等最基本的需求仍无法得到满足。这些极端贫困人口中的 1/3 生活在"一带一路"沿线的南亚（约 2.16 亿），过半人口生活在撒哈拉以南的非洲地区（约 4.13 亿）。① 此外，中亚五国、中东欧、西亚北非等共建"一带一路"国家也深受贫困问题的困扰，主要表现在贫困人口多、贫困程度深、贫富差距大、经济社会发展不平衡、失业现象严重等方面。有些国家甚至还出现政局动荡、社会矛盾错综复杂、经济增长缓慢、基础设施落后的情况，同时缺乏能够有效实现减贫脱贫的制度保障与顶层设计。长期以来，共建"一带一路"国家为本国的减贫事业付出了大量的努力，也取得了一定成效，但

---

① 张晓颖、王小林：《参与全球贫困治理：中国的路径》，载《国际问题研究》，2019(3)。

由于缺乏系统的减贫制度设计、国家间缺乏有效合作等，这些国家的反贫困事业仍然面临巨大挑战。

尽管中国与"一带一路"共建国家在政治制度、经济发展阶段和文化背景等方面均存在差异，但消除贫困、实现可持续发展是人类社会追求的共同目标。中国自1978年实施改革开放政策以来，在消减贫困方面取得了举世瞩目的成就。2020年，是中国全面建成小康社会宏伟目标的实现之年，也是中国脱贫攻坚战的收官之年。在这一年，中国如期完成了新时代脱贫攻坚目标任务，在中华民族几千年历史上第一次消除了绝对贫困和极端贫困，提前十年完成了联合国2030年可持续发展议程所提出的相关目标。国务院发展研究中心、世界银行于2022年3月共同发布的《中国减贫四十年：驱动力量、借鉴意义和未来政策方向》报告指出，过去四十年来按照世界银行每人每天1.9美元的绝对贫困标准，中国贫困人口减少了大约8亿，占同期全球减贫人数的75%。中国贫困发生率从1981年的88.1%下降到2018年的0.3%。在2022年10月召开的中国共产党第二十次全国人民代表大会上，习近平对过去十年中国的脱贫攻坚工作进行了全面总结和高度评价：我们坚持精准扶贫、尽锐出战，打赢了人类历史上规模最大的脱贫攻坚战，全国八百三十二个贫困县全部摘帽，近一亿农村贫困人口实现脱贫，九百六十多万贫困人口实现易地搬迁，历史性地解决了绝对贫困问题，为全球减贫事业作出了重大贡献。随着中国在减贫脱贫领域取得日益丰硕的成果，中国对全球贫困治理的贡献和中国式的"脱贫之路"也日益为世界所关注。与此同时，中国也将助力发展中国家减贫事业纳入"一带一路"建设中，积极与共建"一带一路"国家开展减贫合作，为这些国家的反贫困事业的发展提供中国经验。消减贫困，需要中国与"一带一路"共建国家共同布局，做好减贫顶层设计，构建减贫合作机制，拓宽减贫合作领域，夯实减贫成效，确保减贫效果的可持续性。

二、研究意义

(一)理论意义

无论是在理论方面还是在实证方面，学术界对于"一带一路"对相关国家的减贫效果及减贫渠道的研究均鲜有涉猎。究其原因，一方面，"一带一路"倡议作为习近平新时代中国特色社会主义思想科学体系的重要组成部分，其本身就是马克思主义基本原理与中国特色社会主义实践道路相结合的重大理论与实践创新。在理论方面，它以马克思主义基本原理为指导，既以经济学理论为基础，又结合中国与"一带一路"共建国家的具体国情与实践，为构建人类命运共同体这一伟大目标而创立。本研究综合运用发展经济学中的反贫困理论和包容性增长理论，结合习近平提出的"五通"思想，提出经济包容性互通理论的观点，从基建互通、商贸互通、产能互通、金融互通及民心互通五个方面，详细阐释和分析了"一带一路"倡议对相关国家的减贫效应及其影响渠道，建立了"一带一路"倡议对相关国家减贫效应分析的经济学理论分析框架。

在实证方面，由于缺乏相关的历史统计数据及调研数据，对"一带一路"倡议对相关国家减贫效应的经济影响的实证研究比较难以有效开展。本研究团队成员赴老挝、埃塞俄比亚、柬埔寨等国进行实地调研，通过访谈、问卷调查等方式获取了最新的调研数据，采用实证分析与微观案例结合的方式，利用来自不同国家的微观数据与调研案例，对"一带一路"倡议对沿线国家的减贫效应及其影响渠道这一问题，进行了多视角、多维度的深入考察与分析，为该主题的实证研究提供了基于最新调研数据的分析支撑。

(二)现实意义

中国以"一带一路"倡议为契机，积极推进与发展中国家的发展战略对接，为世界减贫事业作出了积极的贡献。"一带一路"倡议经过多年的实施与推进，在政策沟通、设施联通、贸易畅通、资金融通、民心相通等方面取得了显著成效，拉动了相关国家和地区的经济发展，推动中国对外减贫合作事业进入了一个新的历史阶段。"一带一路"倡议对相关国家的减贫效应主要体现在以下五大领域。

第一，在基础设施领域。中国与"一带一路"共建国家共建大型基础设施项目，打造高效陆路交通网络，实现了基础设施建设的跨区域互联互通（基建互通）。这不仅直接为当地百姓创造了就业机会，大幅提高了当地居民的收入水平，还通过交通基础设施的改善，为相关国家销售产品、扩大市场创造了便利条件，使之能够在经济全球化过程中更好地融入全球分工体系。同时，发展中国家基础设施的改善，也能进一步吸引外资，为本国的经济发展增添动力，进而产生持续的减贫效果。

第二，在贸易发展领域。"一带一路"倡议为相关国家提供了功能性互补与发展型合作的机会与平台，通过商贸领域的合作，不仅增加了相关国家的外汇收入，创造了更多就业机会，还能在此过程中为相关国家的技术进步、产业结构升级优化、规模经济优势发挥等方面的发展创造机会，从而达到减贫效果（商贸互通）。

第三，在国际产能合作领域。"一带一路"共建国家在与中国开展产能合作的过程中，不仅能直接创造就业岗位、增加税收，还能够在合作过程中受益于技术的外溢效应，通过吸收和借鉴中国的先进技术、管理理念和经验，增强内生发展动力，从而带动本国的经济增长（产能互通）。

第四，在金融合作领域。中国通过与"一带一路"共建国家深化金融合作，帮助相关国家和地区建立高效、畅通的融资网络，促进资金跨区域流动，实现资金的有效配置和经济的快速增长。此外，亚洲基础设施投资银行和金砖国家开发银行为"一带一路"国际合作倡议的有效推进提供了强有力的金融保障，助推相关领域经贸合作的深入发展（金融互通）。

第五，在软联通领域。中国与"一带一路"共建国家在政策、战略、规则的对接以及增进人文交流方面都为以上几项事业的发展提供了民心保障，并且各国在教育、科技等领域的深度合作能够为"一带一路"共建国家提供高质量的人力资源，为减贫事业的成功提供有效的人力资源支撑（民心互通）。

从经济发展的长远目标来看，减贫乃至最终实现脱贫，是中国与"一带一路"共建国家可持续发展所共同追求的目标和愿景，"一带一路"国际合作倡议的实践经验也表明其对相关国家的有效减贫产生了巨大而深远的影响。

三、研究思路

（一）研究主题及章节安排

本研究余下章节安排如下。第二章为"一带一路"倡议减贫效应的理论分析，结合发展经济学中的包容性经济增长理论与反贫困理论，提出"经济包容性"互通理论，从基建互通、商贸互通、产能互通、金融互通及民心互通五个方面阐释和剖析习近平于 2013 年 9 月提出的"五通"理念的实践路径及其减贫效应。第三章为"一带一路"建设与减贫的实证研究，分别从宏观层面和微观层面，利用宏观统计数据和微观实地调研数据，采用广义矩估计(GMM)等计量经济学模型考察中国对"一带一路"沿线国家的援助及投资对贫困人口占比的影响。第四章为"一带一路"建设与减贫机制研究。第五章通过选取老挝、柬埔寨、埃塞俄比亚等实地调研案例，探讨"一带一路"倡议在不同国家的运行机制和模式有何特点及异同，以期找到不同运行机制中可供借鉴和推广的成功经验。第六章为本研究的结论和启示。

(二)逻辑框架图

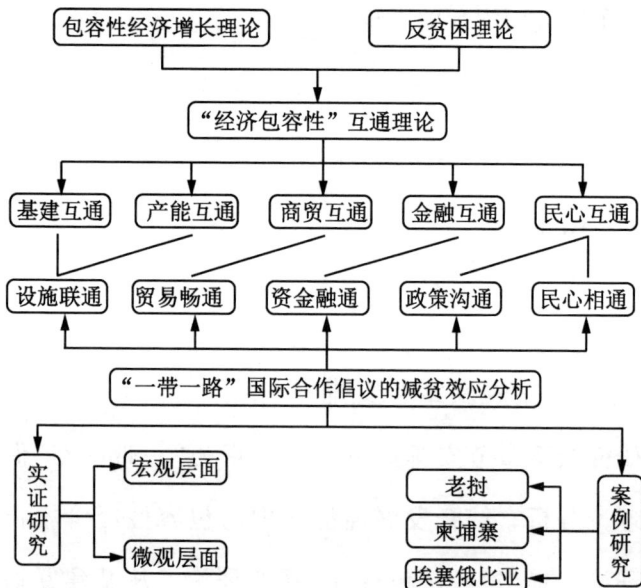

四、创新之处

第一，理论创新。本研究结合发展经济学中的包容性经济增长理论与反贫困理论，提出"经济包容性"互通理论的观点，从基建互通、商贸互通、产能互通、金融互通及民心互通五个方面阐释和剖析"一带一路"倡议的减贫效应及其实现渠道，初步构建"一带一路"倡议对相关国家减贫效应分析的经济学理论分析框架。

第二，研究数据独特。本研究的团队成员赴老挝、柬埔寨、埃塞俄比亚等国进行实地调研，并采用微宏观相结合、实证分析与案例分析相结合的方式，对"一带一路"倡议的减贫效应及其运行机制进行多视角、多维度的考察与分析，为该领域的研究提供了基于最新调研数据的学术支撑。

第二章 | # "一带一路"倡议减贫效应的理论分析

一、贫困的定义、类型及影响因素

贫困是发展经济学研究的核心内容，发展经济学主要研究贫困落后的农业国家或发展中国家如何实现工业化、农业现代化，促进经济发展，摆脱贫困的问题。扶贫、脱贫问题一直都是全球研究的热点，2019 年的诺贝尔经济学奖授予在全球扶贫问题上作出突出贡献的三位经济学家。要研究扶贫、脱贫问题，首先就要明确贫困的定义。

(一)贫困的定义

贫困的定义有很多种，通常被简化为两种形式，即绝对贫困和相对贫困。人们最初对贫困的认识及其研究，主要是基于物质层面或经济意义上，强调的是绝对贫困，贫困被视为一个人或家庭的经济收入不足以维持基本的生活需要，或者一个地区经济不发达的状态。世界银行在《贫困与对策》一书中写道，传统上是用维持最低生活标准的收入或支出水平测定贫困。贫困又可以从相对意义或绝对意义上来衡量……相对贫困是指某人或某家庭与本国的平均收入相比，如将贫困线划定为平均收入的一半或分配额的 40％，相对贫困线随着平均收入的不同而不同。绝对贫困是指某人或某家庭的状况低于这样一个贫困线，其实际价值是固定的，不随时间变化而变化。绝对贫困线是基于最低消费标准，基于必需的人体热量吸收的食品。[①] 2018 年世界银行划定的绝对贫困标准共有三个，即每人每天生活费低于 1.9 美元属于极端贫困，低于 3.2 美元属于中等偏低贫困，低于 5.5 美元属于中等偏高贫困。国家统计局也对绝对贫困和相对贫困进行了定义，绝对贫困者是指在一定的社会生产方式和生活方式下，个人和家庭依靠劳动所得和其他收入不能维持

[①] 世界银行：《贫困与对策　1992 年减缓贫困手册》，经济管理出版社 1996 年版，第 3～4 页。

其基本的生存需要，生活不得温饱，劳动力再生产难于维持，这样的个人（或家庭）称为贫困人口（或家庭）。相对贫困是指相比较而言的贫困，即生活水平最低的那一部分人（如占总人口的5％）为处于相对贫困的人口，有的机构和组织曾将收入只及（或少于）总体收入的1/3的社会成员视为相对贫困人口。童星和林闽钢认为，绝对贫困是泛指基本生活没有保证，温饱没有解决，简单再生产不能维持或难以维持；相对贫困是温饱基本解决，简单再生产能够维持，但低于社会公认的基本生活水平，缺乏扩大再生产的能力或能力很弱。①

从定义贫困的角度来说，定义贫困的角度之一是"缺乏说"，这种观点得到了大多数学者和社会公众的认可。"缺乏说"关注的是贫困的表象，范围从单纯的物质的"缺乏"到无所不包的社会的、精神的、文化的"缺乏"。定义贫困的角度之二是"能力说"，这是在"缺乏说"基础上的进一步探讨。世界银行就曾将贫困界定为缺少达到最低生活水准的能力。定义贫困的角度之三是"剥夺说"或"排斥说"，这是在探讨导致贫困的深层原因。汤森从剥夺的角度来分析贫困，认为如果人们缺少必要的满足生活条件的某种物品或者资源就被认为处于"剥夺"状态，但这

---

① 童星、林闽钢：《我国农村贫困标准线研究》，载《中国社会科学》，1994年第3期。

不等于说被剥夺就是贫困。汤森认为，剥夺可以分为物质剥夺(与食品、衣服和住房等有关)和社会剥夺(与家庭、娱乐和教育相关)。[①] 欧洲共同体委员会给贫困下的定义是从"社会排斥"的角度阐述的，即贫困应该被理解为个人、家庭和人的群体的资源(物质的、文化的和社会的)如此有限以致他们被排除在他们所在成员国可以接受的最低限度的生活方式之外。定义贫困的角度之四是"地位说"，贫困是经济、政治、社会和符号的等级格局的一部分，穷人就处在这个格局的底部。贫困状态持续的时间越长，这种格局就越稳定。

(二)贫困的类型

谭崇台对贫困的类型做了几点考证。他指出，凯恩斯在《就业、利息和货币通论》中提出，在资本主义经济快速增长中由于经济危机出现了"丰裕中贫困"。萨缪尔森在《经济学》教科书中也提及"丰裕中贫困"，指出各个国家曾发生过三种贫困：由于饥荒和生产能力不足而引起的老式贫困；体制上的原因造成购买力不足而引起不必要的"丰裕中贫困"；GDP 颇高但由于分配得不恰当、不公平而造成的贫困。谭崇台同时也分析了科尔内

---

① 钱志鸿、黄大志：《城市贫困、社会排斥和社会极化——当代西方城市贫困研究综述》，载《国外社会科学》，2004 年第 1 期。

的《短缺经济学》，认为发展中国家特别是高度集中计划管理的发展中国家的贫困，是一种"稀缺中贫困"，以此与"丰裕中贫困"相对应。①

贫困是一个十分复杂的概念，视角不同，类型的划分也不同。在人类历史的发展过程中大致有四种类型的贫困，当然，每一类贫困又被细化为若干亚贫困类型。四种类型的贫困包括以下几个方面。第一，古典贫困（老式贫困），主要是指由于饥荒和生产能力不足而引起的贫困，应该说资本主义社会以前的贫困就属于这种类型。第二，稀缺中的贫困或者经济不发达导致的贫困，主要是指经济不发达导致的贫困。它主要表现为：区域性人均收入水平低下，基本生活必需品供应不足，经济生产活动中抵御自然灾害的能力很差，政府能提供的公共医疗和教育等社会服务水平低下，婴儿死亡率较高，人口平均预期寿命较短等。发展中国家，特别是高度集中计划管理的发展中国家的贫困就属于这种类型。第三，经济高速发展的贫困。许多发展中国家在经济高速发展过程中，大量农村劳动力涌入城市，导致城市就业水平和下层劳动者收入水平下降从而产生贫困。发展中国家城市普遍存在的贫困就属于这种类型。第四，富裕中的贫困，是许多发达国家普遍存在的贫困。究其原因，一是

---

① 谭崇台：《论快速增长与"丰裕中贫困"》，载《经济学动态》，2002 年第11 期。

现代科学技术的应用和经济全球化背景下产业结构的变迁，导致夕阳产业衰落、失业人数增加；二是在相对稳定的市场经济制度和不平等的社会结构中，劳动力市场、教育机构和其他重要的社会参与机会对某些劳动者和社会成员的排斥或歧视，导致穷人缺乏同等的机会，即机会不足；三是政府和社会在教育和劳动力市场中采取的社会保障和增大福利供应的一系列反歧视政策，引起穷人对政府和社会福利的过分依赖，导致通过自身努力摆脱贫困的动机不足。①

(三)贫困的成因

从贫困的成因看，一般认为主要有六种。第一，体制性贫困，主要是指传统计划经济体制下所形成的二元经济制度和二元社会结构制度，即对待农民和市民截然不同的就业制度、分配制度、户籍制度以及社会保障体制下形成的以农民为主体的贫困，这种贫困与贫困者自身的禀赋和素质无关。在这种贫困中，当然也包括资源富饶型贫困，如西部一些资源富集地区。第二，资源匮乏型贫困，主要是资源短缺或缺乏可利用的资源而导致的贫困。例如，恶劣的自然环境、贫瘠的土地、储备稀少的矿产资源、匮乏的生物资源，等等。第三，生态恶劣型贫

①　叶普万：《贫困经济学研究：一个文献综述》，载《世界经济》，2005 年第 9 期。

困，主要是自然环境恶劣、生态环境脆弱而导致的贫困。例如，西南喀斯特山区、黄土高原以及其他一些不具备人类基本生存条件地区的贫困。第四，灾害导致型贫困，主要是各种自然灾害和不可预测事件导致的贫困。第五，人口膨胀型贫困，主要是人口生产超过物质资料生产，劳动力难以转移造成的贫困。第六，能力衰弱型贫困，主要是丧失劳动能力(如老、弱、病、残)或缺乏一定的专业技能引起的贫困。如果从区域角度划分，主要分为城市贫困与农村贫困。从不同的角度划分出不同的贫困，进而采取相应的反贫困战略，能显著提高减贫效率。[①]

(四)贫困的影响因素

贫困受到很多因素的影响。众多的研究表明，随着整体经济的增长，贫困人口的收入也逐步增长，从而减少了绝对贫困人口。经济增长虽然是影响贫困的一个重要因素，但是增长并不总是减少贫困，也不能解释贫困发生率下降的全部，除经济增长之外，收入分配同时也起着非常重要的作用。正如相关研究指出的，经济增长、收入分配和贫困之间存在着非常复杂的关系，经济增长的性质不仅仅是影响贫困减少的成效。王雨林和黄祖辉等将贫困的变化分解为经济增长和收入分配的影响，

---

① 叶普万：《贫困经济学研究：一个文献综述》，载《世界经济》，2005 年第 9 期。

经济增长通过增加穷人收入减少贫困，而在人均收入不变的情况下，收入分配状况的改善将减少贫困；反之，收入分配状况的恶化将增加贫困。[①] 有研究者发现经济增长会给所有人带来好处，政府的干预政策无法影响穷人的收入份额，反贫困政策的中心是经济增长。因此，减贫的关键在于经济增长。而有研究者认为，经济增长虽然是贫困减缓的重要因素，但不能解释贫困下降的大部分原因，经济增长并不会自发地有利于穷人，伴随经济增长过程的收入分配同时有着非常重要的作用。

罗楚亮提出贫困的变化同时受两种因素的影响：平均收入水平和收入差距的变化。对于给定的贫困标准，收入水平的普遍增长显然有助于贫困人口数量的下降；而收入差距的扩大则对贫困减缓具有相反的效应。特别是，如果在经济增长过程中收入差距扩大表现为低收入人群收入的衰退，甚至有可能出现经济增长与贫困程度上升并存的状态。经济高速增长过程既有可能缩小收入差距，也有可能扩大差距。在我国经济增长过程中收入差距也在不断扩大。因此，在这一过程中，尽管农村贫困人口在不断下降，但人们依然期望，如果收入分配状态能够得到有效的改善，农村贫困减缓的绩效将会表现得更佳。大量的研究结果也表明，农村贫困人口的下降主要表现

[①]　王雨林、黄祖辉：《影响转型期中国农村贫困率指标的因素的分解研究》，载《中国人口科学》，2005 年第 1 期。

为经济增长的结果，收入差距的恶化阻碍了经济增长减贫效应的发挥。[①]

陈飞、卢建词的研究结果表明，收入增长使贫困人口比例下降，但分配不公平降低了减贫速度，并导致低收入群体的收入份额不断萎缩。通过对比分析发现，中西部省份比东部沿海省份、2000 年之后比之前的分配不公平程度更为严重。[②]

二、包容性增长的定义、测度方法、影响因素及渠道

改革开放以来，中国经济一直保持高速增长并经历了快速转型。但是随着改革的深入，中国社会经济中的矛盾和冲突同时也在日益凸显，中国居民收入差距在不断扩大，贫富差距也日益明显，这些问题给中国经济的可持续发展带来了巨大的压力和挑战。在新经济的形势下，如何推进中国经济高效、包容、可持续的发展，一直都是经济增长过程中亟待解决的重点问题。包容性增长这一新概念的提出，为新时代以及发展过程中存在的社会经济问题提供了新的解决思路。

[①] 罗楚亮：《经济增长、收入差距与农村贫困》，载《经济研究》，2012 年第 2 期。

[②] 陈飞、卢建词：《收入增长与分配结构扭曲的农村减贫效应研究》，载《经济研究》，2014 年第 2 期。

包容性增长是"十一五"收官之年提出和倡导的发展理念，很多国家包括印度都早已把它作为经济发展的目标并大力推行包容性增长战略。包容性增长是杭州 G20 峰会的"4 个 I"主题(创新、活力、联动、包容)之一，在一定程度上影响着全球经济发展的走向。学术界对于包容性增长的研究不断深入，相关研究文献大概可以分为以下三类。

(一)包容性增长的定义

关于包容性增长的定义，国内外学者从不同角度出发，有不同的观点，但是大多数学者都认为包容性增长包含经济的可持续增长、减贫、结果的共享等核心内容。包容性增长的实质，是一种增长方式。从经济增长理论的角度出发，它是一种能够对增长前提条件、增长过程的要素、增长结果以及广泛的社会因素实现尽可能大的包容，能够实现经济长期、公平、有效的增长模式。从根本上说，包容性增长既关注效率，又关注公平，二者都是发展经济学的核心。如果某种因素对收入增长的影响为正，同时相对贫穷的人从该因素中获益更多，那么该因素就带来了包容性增长。[①] 从开放性视角来定义，包容性增长不仅局限于国内或者区域层面，它也有国际内涵。开放视角的包容

---

① 张勋、万广华:《中国的农村基础设施促进了包容性增长吗?》，载《经济研究》，2016 年第 10 期。

性增长不仅能够使经济相对落后的国家从经济增长中受益更多①，还能使经济全球化成果惠及更多国家，推动全球经济的可持续均衡发展。②

(二)包容性增长的度量

对包容性增长的度量，基于不同的定义角度，关于经济增长的包容性测度的方法也是多种多样的。有研究者提出了社会机会函数的方法，社会机会函数的增长意味着增长具有包容性。有研究者提出基于剥削的测度方法，还有研究者定义了Bonferroni集中指数，该指数可以用来度量不平等程度。更进一步，相关研究者构建了一个度量包容性增长的综合指数。总体而言，这些文献主要是基于包容性增长的传统定义对其进行测度的，而针对中国经济包容性增长的测度研究并不多。比较有代表性的有通过细分包容性增长所包含的维度并建立相关的指标体系，基于隶属度的模糊综合评价方法对1978—2009年中国经济增长的包容性进行衡量。③ 也有学者从包容性增长的定

① T. Piketty, *Capital in the Twenty-First Century*, The Belknap Press of Harvard University Press, 2014.

② J. Stiglitz, "The Price of Inequality", *New Perspectives Quarterly*, 2013(1), pp. 52-53.

③ 魏婕、任保平：《中国经济增长包容性的测度：1978—2009》，载《中国工业经济》，2011年第12期。

义出发，构建包容性增长指标体系来度量包容性增长水平，其一级指标体系主要包括经济增长、绿色与创新发展、机会平等和成果共享。[①] 在研究区域包容性增长问题时，已有文献大部分是通过构建一个包容性增长的模型框架，如张勋和万广华通过构建包容性增长模型框架对农村基础设施影响因素进行具体实证研究。[②]

(三)包容性增长的影响因素和渠道

对包容性增长的影响因素及渠道的研究，以往研究文献大部分是对于包容性增长的理论探讨，而关于包容性增长的实证研究较少。随着经济的不断发展，影响包容性增长的因素越来越多，如要素结构、外资利用、城镇化、城乡收入差距、基础设施投资和金融创新等。根据定义，包容性增长既要考虑公平又要兼顾效率，因此，大部分实证研究通过评估决定因素是否能够在促进经济增长的同时具有包容性。有学者发现，在考虑收入差距的基础上，中国包容性全要素生产率比传统全要素生产率要小得多，中国包容性增长在整体上存在区域失衡现象，东部地区比中西部地区的经济增长更具有包

---

① 彭迪云、周彤菲、颜明杰：《包容性增长水平测度研究及空间相关性分析——基于 2009—2016 年的面板数据》，载《金融与经济》，2018 年第 4 期。

② 张勋、万广华：《中国的农村基础设施促进了包容性增长吗？》，载《经济研究》，2016 年第 10 期。

容性。① 因此，逐渐缩小城乡收入差距是实现包容性增长的必然要求。张勋和万广华研究了中国农村基础设施的包容性增长效应，研究表明农村基础设施建设有利于提高中国农村居民的收入水平，从而对改善城乡收入差距和内部收入分配起到了包容性增长的作用。② 随着经济的创新性发展，互联网和金融结合的数字经济成为推动经济增长的一个新引擎，近年来已有不少学者探讨了数字经济、普惠金融的影响效应。已有文献系统、客观地探讨了互联网革命所推动的数字经济和数字金融对包容性增长的影响，实证结果表明中国的数字经济显著提升了农村低收入群体的家庭收入，从而促进了中国的包容性增长。③ 普惠金融政策产生的收入分配和减贫效应也是包容性增长的一个研究重点。有研究表明，普惠金融发展初期能够从县域层面缩小城乡收入差距。④ 更有学者从经济全球化的角度探讨开放视角下扩大内需对包容性增长的影响机制，实证结果表明内需型

---

① 陈红蕾、覃伟芳：《中国经济的包容性增长：基于包容性全要素生产率视角的解释》，载《中国工业经济》，2014 年第 1 期。

② 张勋、万广华：《中国的农村基础设施促进了包容性增长吗?》，载《经济研究》，2016 年第 10 期。

③ 张勋、万广华、张佳佳、何宗樾：《数字经济、普惠金融与包容性增长》，载《经济研究》，2019 年第 8 期。

④ 李建军、韩珣：《非金融企业影子银行化与经营风险》，载《经济研究》，2019 年第 8 期。

经济全球化有利于国别间包容性增长，但不利于国内包容性增长。[1]

三、"一带一路"倡议减贫效应的理论解释

2013年9月3日至13日，习近平在对土库曼斯坦、哈萨克斯坦等国进行国事访问并出席上海合作组织比什凯克峰会时提出，共建"丝绸之路经济带"要加强各国之间的政策沟通、道路联通、贸易畅通、货币流通和民心相通，并提倡以点带面、从线到片，逐步形成区域大合作格局。本研究将其归纳为基建互通、商贸互通、产能互通、金融互通及民心互通这五个方面的互通，旨在从生产端和流通端发挥作用，其核心是如何更有效地将"蛋糕"做大。其中，包括铁路、公路及机场在内的基建互通一方面有利于生产资源的低成本聚集，另一方面有利于提高产品的市场可及性。包括商品与服务贸易的商贸互通能够扩大市场的交换范围，一方面有利于加强竞争，提升供应商的生产效率，另一方面有利于扩大交换范围及拉动市场需求。包括跨国投资及跨国合作生产在内的产能互通有利于产品的生

---

① 沈春苗、郑江淮：《内需型经济全球化与开放视角的包容性增长》，载《世界经济》，2020年第5期。

命周期，在全球范围内配置生产资源，以期同时实现产品的高效生产与销售。包括跨国融资与信贷在内的金融互通能够提高生产端与流通端的流动性，有利于生产材料的采购及产品的销售。包括文化、教育、政策等在内的民心互通具有更强的渗透性，能够系统嵌入基建互通、商贸互通、产能互通及金融互通中，为上述联通提供有益的、稳定的营商环境。

五个方面的互通侧重于提高生产流通效率，并不一定能带来良好的减贫效果，但如果将包容性经济增长理论有效嵌入五个互通之中，则能有效提升减贫效应。据此，本研究提出"经济包容性"互通理论观点。经济包容性强调普惠性与互利性，避免零和博弈。不同类型的互通包含的经济包容性也存在差异。基建互通在技术属性上具有较强的外部性，在产业体系中具有"先行"特征，因此基础设施产业也可以被视为先行产业。先行产业是指对其他产业具有引导作用的产业，只有这些产业得到有效发展，其他产业才能够得到良好发展。由于几乎所有产业均涉及具体产品的运输，因此基础设施对于其他产业具有很强的渗透性，构成了其他产业发展的基础，表现出较强的经济包容性。商贸互通在经济包容性上具有不确定性。倘若商贸互通与"一带一路"共建国家的生产具有较强的互补性，一方面不会"挤出"当地企业，另一方面有利于丰富相关国家民众的商品选择空间，增进民众福祉；但如果与相关国家的生产具有竞争性，则可能会抑制当地企业的发展，从而削弱商贸互通的经济包容性。产能互通旨在利用"一带一路"共建国家具有比较优势的生产要素禀赋，通过具有正外部性的技术外溢，来促进相关国家的就业，提高政府税收，因而能够体现一定的经济包容性；但同时可能与当地企业形成竞争关系，给后者带来一定程度上的冲击。金融互通一方面有利于商贸互通与产能互通，另一方面也能够为基础设施投资提供资金融通服务，如果能够进一步"下沉"到普惠层面，则能够进一步提升其包容性特征。民心互通通过文化交流、政策协调，有利于降低经济运行过程中的不确定因素，稳定投资交易方的预期，从而有利于降低交易成本，表现出较强的经济包容性。基于上述理论分析，本研究接下来依次分析基建互通、商贸互通、产能互通、金融互通及民心互通的减贫效果。

(一)基建互通的减贫效应分析

基础设施建设是"一带一路"建设的先行领域，基础设施互通的减贫效果也一直是西方学术界关注的问题。大量学术成果表明，基础设施的改善能够提高贸易便利度，进而提高人民收入，减少贫困。努诺·林和安东尼·维纳布尔斯的研究表明，交通基础设施建设是决定运输成本的关键。[1] 有学者使用贸易成本对基础设施质量和人均收入的弹性估计，来估算"一带一路"带来贸易成本的下降。他将这些估算应用到一个动态的全球可计算的一般均衡模型中，发现"一带一路"会给成员国和其他国家带来重大利益。在对"一带一路"投资假设适度的情况下，到2030年，全球福利收益将占全球GDP的1.3%，全球贸易增长5%，并且这种收益绝大部分都在"一带一路"共建国家。[2]

一些国际机构也对"一带一路"的基建效果进行了估算。世界银行在2019年出版了名为《"一带一路"倡议对经济、贫困和环境的影响》的报告，认为"一带一路"将导致公路运输边际成本降低25%，海上运输边际成本降低5%；同时，由于伴随而来的贸易便利化措施，"一带一路"国家的进口时间明显缩短，进而降低贸易成本，让参与国受益。具体而言，"一带一路"将推动全球实际收入增长0.7%（按照2014年的价格和市场汇率，这相当于近5000亿美元）；"一带一路"对基础设施的投资可帮助全球870万极端贫困人口和3400万中等贫困人口脱贫；极端贫困人口比例预计将从2015年的10.1%下降到2030年的5.2%，

---

[1] N. Limao, & A. J. Venables, "Infrastructure, Geographical Disadvantage, Transport Costs, and Trade," *World Bank Economic Review*, 2001(3), pp. 451-479.

[2] F. Zhai, "China's Belt and Road Initiative: A Preliminary Quantitative Assessment", *Journal of Asian Economics*, 2018(55), pp. 84-92.

中等贫困线以下的人口比例估计从 2015 年的 25.8% 下降到 2030 年的 10.4%。在肯尼亚和坦桑尼亚，预计到 2030 年将有另外 70 万贫困人口摆脱极端贫困。这大约相当于将极端贫困人口数量再减少 1.0 和 0.9 个百分点。在南亚，巴基斯坦的极端贫困人口将进一步减少 110 万人，孟加拉国预计将有 20 万人摆脱极端贫困。[①]

还有学者评估了"一带一路"交通基础设施对沿线国家经济增长的影响，认为交通基础设施对"一带一路"沿线国家的经济增长具有积极促进作用，特别是在东南亚和中东欧，交通基础设施（铁路和公路）水平的提高对经济增长具有显著的积极影响。[②] 经济学家弗朗索瓦·德·索耶斯等人通过估算贸易成本的减少以及相关运输基础设施的建设成本，认为"一带一路"对经济增长的影响总体上是积极的，世界其他地区将从中受益，并强调"一带一路"交通基础设施项目与贸易便利化、关税减免

---

① M. Maliszewska & D. Mensbrugghe, "The Belt and Road Initiative: Economic, Poverty and Environmental Impacts", *Policy Research Working Paper Series* 8814, 2019, The World Bank.

② C. Wang, M. K. Lim, X. Zhang, et al., "Railway and Road Infrastructure in the Belt and Road Initiative Countries: Estimating the Impact of Transport Infrastructure on Economic Growth", *Transportation Research Part A: Policy and Practice*, 2020(0), pp. 288-307.

等政策改革具有很强的互补性。① 也有许多国内学者关注"一带一路"已经建成的和在建的基础设施项目，如中老铁路、印尼泗马大桥、老挝农业技术示范中心、柬埔寨波雷列农校农业实验楼等，认为中国近年来在基础设施领域的产出能力和比较优势与沿线国家对基建的需求相契合，为当地的经济发展和减贫起到了推动作用，并改善了当地人民的生产生活条件。②

上述实证研究与本文的理论推论具有一致性。基础设施建设具有较强的正外部性，能够惠及其他产业的发展，具有较强的经济包容性，因而对"一带一路"共建国家的减贫事业具有积极的影响。

(二)商贸互通的减贫效应分析

贸易一直被认为是经济增长的引擎，常被视为减贫的重要途径。大量的学者利用贸易开放促进经济增长、减少贫困的思路来探究贸易发展对减贫的作用。

詹姆斯·维拉富尔特通过探讨"一带一路"对亚洲贸易增长的潜在影响，指出"一带一路"不仅促进了中国贸易关系和出口

---

① F. D. Soyres, A. Mulabdic & M. Ruta, " Common Transport Infrastructure: A Quantitative Model andEstimates from the Belt and Road Initiative", *Journal of Development Economics*, 2020 (143), https://doi. org/10. 1016/j. jdeveco. 2019. 102415.

② 张原:《中国对"一带一路"援助及投资的减贫效应——"授人以鱼"还是"授人以渔"》，载《财贸经济》，2018 年第 12 期。

的多元化，还有助于整个亚洲的贸易复苏和增长。研究表明，"一带一路"通过改善相关国家的交通网络和贸易便利化，可以将中亚、西亚和南亚的 GDP 增长提高 0.1～0.7 个百分点，出口总额可增加 50 亿至 1350 亿美元。[①]

"一带一路"六大经济走廊也是学者关注的重点。有学者通过对运输产品从中国到汉堡的运输案例进行综合分析，论证了"一带一路"经济走廊相对于传统海运路线的鲜明优势，并认为新欧亚大陆桥经济走廊和中蒙俄经济走廊是国家大部分地区最理想的贸易路线选择，而中巴经济走廊是位于中国西部的公司的首选。[②] 类似地，世界银行高级经济学家马里谢夫斯卡和普渡大学教授门斯布鲁格指出，巴基斯坦是"一带一路"共建国家福利收益最高的国家，到 2030 年福利收益相对基线增长 10.5%，占"一带一路"总收益的 8.6%。这些收益是由于诸如改善瓜达尔港的连接等项目（中巴经济走廊计划的一部分）降低了贸易成本。吉尔吉斯斯坦是"一带一路"共建国家中福利增幅第二高的国家，到 2030 年福利增幅为 10.4%。由于"一带一路"以

---

① J. Villafuerte，E. Corong，J. Zhuang，Trade and Growth Impact of One Belt，One Road on Asia and the World，https://www.gtap.agecon.purdue.edu/resources/res_display.asp? RecordID=5086，2022-05-20.

② X. Wen，H. L. Ma，T. M. Choi & J. B. Sheu，"Impacts of the Belt and Road Initiative on the China-Europe Trading Route Selections"，*Transportation Research Part E：Logistics and Transportation Review*，2019（122），pp：581-604.

铁路和公路为主的交通运输项目取得的成果，大部分经济领域都受益于贸易成本的大幅降低。老挝的福利增幅预计到 2030 年达到 3.1%。这与由于基础设施的改善而大幅度降低贸易成本直接有关，如"一带一路"投资的从老挝万象到泰国曼谷港的新铁路，以及柬埔寨西哈努克港的改善，越南的铁路改善也发挥了作用。埃塞俄比亚作为"一带一路"在非洲的节点，也有望从"一带一路"共建国家降低贸易成本和边境成本中获得显著收益，增加农产品、皮革制品和能源密集型制造业的出口。①

上述研究较为一致地表明，商贸互联表现出较强的经济包容性，具有较为明显的减贫效果。本研究理论推论中的"竞争""抑制"效应并没有显现出来。一个重要的原因在于，中国与"一带一路"共建国家的商贸领域具有较强的互补性，由此形成了双方互利共赢的局面。

(三)产能互通的减贫效应分析

自 2013 年"一带一路"倡议提出以来，国际产能合作成为中国与沿线国家的合作重点，中国优质富余的产能和装备"走出去"，沿线国家把中国资金、经验"引进来"，进而推动经济增

---

① M. Maliszewska & D. Mensbrugghe, "The Belt and Road Initiative: Economic, Poverty and Environmental Impacts", *Policy Research Working Paper Series*, 2019.

长，带动贫困治理。因此，产能合作的减贫效果也受到国内外学者的关注。

中国与东盟的产能合作方面已形成新雁群模式，中国的纺织服装制造业通过"一带一路"向东盟国家转移，相关国家新建工厂利用"一带一路"在资源、市场、交通运输、基础设施、贸易便利政策等方面的优势，展现了较为强劲的适应能力。中国与中亚形成了合作共生型的国际产能合作模式，其中中哈产能合作已成为"一带一路"建设的样板。[①] 中哈"点对点"建立工业园区，对接"一带一路"和哈萨克斯坦的"光明之路"，将促进哈中经贸、投资合作全方位发展。[②]

黛博拉·布罗蒂加姆通过中国与非洲的雁行模式指出，有三个因素导致了工业化：一是领头雁和合资企业可以把知识传播给有能力的当地企业家；二是随着工资和生产成本的上升，领头雁所在国有动力将工厂迁往运营成本更低的国家；三是东道国有良好的政策环境，利于投资和出口。借助"一带一路"，中非间的产能合作也在实现着产业的互联互通，中国在非洲当地设厂，促进其制造业的发展。约翰·霍普金斯大学中非研究

---

① 张洪、梁松：《共生理论视角下国际产能合作的模式探析与机制构建——以中哈产能合作为例》，载《宏观经济研究》，2015 年第 12 期。

② 哈萨克国际通讯社网站：《驻华大使："光明大道"与"丝绸之路经济带"形成了良好的呼应》，http://inform. kz/chn/article/2766450，2015-04-16。

所的研究员詹姆认为，中国的制衣公司通过在卢旺达设厂并培训、聘用当地劳动力，促进了卢旺达经济的结构转型和工业升级，从而为卢旺达建设国内制造业基地创造机会。①

中国与"一带一路"共建国家以何种合作路径推动产能合作也受到学界的关注。尼日利亚学者塞缪尔·伊格巴塔约和博塞德·奥沃米提出一个以宏观经济政策为基础、以消除贫困为目标的政策框架，即通过与其他贫困国家的合作促进本国经济多样化，利用外商直接投资促进国际产业转移，增加包容性就业以实现永久贫困治理，强调把发展中国家，尤其是那些与中国在经济方面合作互补性比较强、有着强烈合作欲望及合作基础、比较稳定的发展中国家，作为国际产能合作的重点对象。② 国内学者针对中国与"一带一路"共建国家的产能合作也提出了三个途径：资本输出、跨境产业链构建、重点港口城市中外合作产业园区建设。③ 两者不谋而合。

---

① J. Eom，"Chinese Manufacturing Moves to Rwanda：A Study of Training at C& H Garments"，SAIS-CARI Policy Briefs，2018，Working Paper No. 2018/18. China Africa Research Initiative，School of Advanced International Studies，John Hopkins University.

② S. A. Igbatayo，B. O. Awoyemi，"Exploring Inclusive Growth and Poverty Reduction Strategies in the BRICS Economies：A Multi-Country Study Of Brazil，China and South Africa"，*IOSR Journal of Economics and Finance*，2014（6），pp. 54-68.

③ 刘佳骏：《"21世纪海上丝绸之路"沿线产能合作路径探析》，载《国际经济合作》，2016年第8期。

此外，农业合作也被认为是有效促进减贫的一个有效途径。韩振国、于永达、徐秀丽对"一带一路"倡议下的中国对外农业政策进行了分析，强调了中国对外农业政策不仅有利于促进中国经济、社会的发展，也有利于促进东道国的减贫和粮食安全事业。[①] 胡必亮、马悦强调要在"一带一路"背景下加强中非合作，提高非洲粮食产量，保障非洲粮食安全。[②] 关于"一带一路"促进非洲减贫的路径，孟雷等提出要从四方面着手，即注重中国农业发展和减贫经验的示范性和启示性，突出非洲国家减贫实践的主体性和参与性，促进对非洲减贫工作的多样性和可持续性，以及坚持以"开发性扶贫"推动非洲减贫目标的实现。[③] 郭静伟等也认为，在"一带一路"背景下，中国面向老挝减贫政策的对接，要重视选择对减贫贡献率高、影响深远的跨国农业项目。[④]

上述研究表明，产能互通在目前阶段也是减贫的一个有效途径。中国企业对于"一带一路"沿线国家的产能投资，会通过

---

① 韩振国、于永达、徐秀丽：《"一带一路"倡议下中国对外农业政策变迁分析》，载《世界农业》，2018年第12期。

② 胡必亮、马悦：《非洲粮食安全与中非农业合作商机研究》，载《中州学刊》，2017年第9期。

③ 孟雷、齐顾波、于浩淼：《"一带一路"倡议下中国对非洲农业政策及其减贫路径研究》，载《世界农业》，2019年第9期。

④ 郭静伟、朱秀春、方文：《"一带一路"背景下的老挝贫困问题与减贫政策论析》，载《开发研究》，2019年第3期。

拉动就业、提供技术外溢的方式促进当地经济发展，进而提高民众的生活水平，从而降低贫困发生率。

(四)金融互通的减贫效应分析

通过资金融通促进减贫目标的实现是"一带一路"减贫的重要内容，金融减贫也是学术界长期关注的课题。2005年，联合国在国际小额信贷年会上正式提出了普惠金融这一概念。此后，国内外学者对其进行了广泛研究，认为普惠金融对于促进社会协调性发展，消除贫困，解决社会发展不平衡、不充分的问题有着重要的积极作用。卡普尔认为普惠金融体系是一个能使所有公民共同享有经济发展福利的重要工具。[①]

普惠金融体系是发展"一带一路"资金的重要一环，既是对贸易畅通和资金融通的保障，又是帮助贫困人口通过获得金融服务摆脱贫困、增加收入从而降低其生活脆弱性的重要手段。"一带一路"共建国家本身的惠普金融发展模式和阶段是中国对接其发展战略、实现金融减贫的基础。宗民对"一带一路"沿线国家的金融发展进行了梳理。总体而言，相关国家的普惠金融发展的模式大致可分为以孟加拉国为代表的"社会企业"模

---

① A. Kapoor, "Financial Inclusion and the Future of the Indian Economy", *Futures*, 2014(Special I), pp. 35-42.

式、以泰国为代表的"农业互助合作社"模式、以印度尼西亚为代表的政府主导模式和以肯尼亚为代表的"数字普惠"模式，这些模式能够适应当地的法律政策，且能够有效降低金融服务成本。①

部分学者从中国与"一带一路"参与国的金融合作出发，研究了金融合作的现状、问题和金融的减贫效果。王飞认为，在"一带一路"框架内，中国通过一系列的制度安排向存在国际收支逆差的拉丁美洲国家提供流动性支付工具，能够缓解当地资本不足、金融脆弱性和区域性金融公共产品不足等问题。② 詹琭璐和杨建州通过考察 15 个新兴市场经济体(绝大部分是共建"一带一路"国家)2004—2016 年的面板数据，认为金融深度的改善和金融服务可获得性的延展都展现了显著减贫效果。他们进一步提出，政府部门要加强和金融机构合作、加大金融扶贫的基础设施建设和加大金融扶贫的创新力度。③ 张原从投融资角度来探究中国给发展中国家带来的减贫影响。张原通过对中国对拉丁美洲援助和投资的减贫效应的研究，认为基础设施和商贸金融类投资具有较显

---

① 宗民：《"一带一路"沿线国家的普惠金融发展：模式与经验》，载《西南金融》，2019 年第 10 期。

② 王飞：《区域性公共产品与中拉"一带一路"金融合作》，载《区域与全球发展》，2020 年第 2 期。

③ 詹琭璐、杨建州：《新兴市场经济体金融减贫效应及启示》，载《亚太经济》，2019 年第 5 期。

著的减贫效应，前者的作用机制类似于基础设施类援助，后者则通过扩大中拉贸易、提升产品和服务比较优势的方式带动经济增长，从而有助于减贫，并指出在"一带一路"倡议下，中拉开发潜力将进一步增长。[①]

上述研究与本文的理论推论具有较好的一致性。金融互通如果能够有效地支撑实体经济，即支持生产与流通环节，将有利于创造"真实"的价值，从而促进经济的增长及民众福祉的提升。

(五)民心互通的减贫效应分析

民心互通主要指通过"一带一路"在政策、战略、规则的对接和增进人文交流措施，从而能更好地为促进以上几类建设事业提供民心保障，并且随着当地教育、科技的发展，有效减贫。

大量研究表明，人力资本和教育对减贫具有重要的作用。贫困者由于受教育水平低下、健康状况较差、知识和技能缺乏，进而难以分享经济增长的成果，导致了贫困的产生。[②] 蒂拉克

---

① 张原：《新世纪以来中国对拉美援助和投资的减贫效应研究》，载《太平洋学报》，2018 年第 12 期。

② 姚毅、王朝明：《中国城市贫困发生机制的解读：基于经济增长，人力资本和社会资本的视角》，载《财贸经济》，2010 年第 10 期。

指出，对人力资本进行投资能有效缓解人力资本贫困。[1] 马苏德·阿万等学者研究发现，受教育程度与贫困发生率呈负相关关系。[2] 贫困家庭的子女由于信贷约束往往难以接受足够的教育，这也容易导致贫困在代际发生转移。特里迪科指出，只有具有较高教育水平和在战略层面上进行公共支出的国家才会摆脱贫困陷阱。[3] 类似地，哈佛大学的报告指出，高等教育将加快一国的技术追赶速度和全要素生产率的增长。随着要素投入的增加，高等教育存量每增加一年，非洲人均 GDP 的长期稳定水平就会提高 12.2%。[4] 这表明了高等教育对经济增长、减贫的促进作用。

"一带一路"建设为高等教育国际化发展提供了良好机遇。据估计，在共建"一带一路"的 73 个国家中，85% 的国家已进入高等教育大众化阶段。[5] "一带一路"能进一步增强参与国家的

---

[1] J. B. Tilak，"Education and Poverty"，*Journal of Human Development*，3(2)，pp: 191-207.

[2] M. S. Awan，N. Malik，H. Sarwar & M. Waqas，"Impact of Education on Poverty Reduction"，*MPRA Paper*，2011，doi: http://dx.doi.org/.

[3] P. Tridico，"Growth，Inequality and Poverty in Emerging and Transition Economies"，*Transition Studies Review*，2010(4)，pp: 979-1001.

[4] D. Bloom，D. Canning & A. K. Chan，"Higher Education and Economic Development in Africa"，*Proc Spi*，2006，6502(3): 65020Y-65020Y-12.

[5] 曾满超、王美欣、蔺乐：《美国、英国、澳大利亚的高等教育国际化》，载《北京大学教育评论》，2009 年第 2 期。

高等教育整体实力。谷媛媛等把"一带一路"来华留学人才培养
与缓解生源国贫困相联系，实证分析中国留学教育影响生源国
贫困的内在逻辑机制，研究发现，来华留学生规模每增加 1%，
贫困人口比例将降低 0.02，贫困差距将降低 0.005，而且这种
减贫效应在中低收入国家和贫富差距较小国家更为显著。[1]

科技创新带动减贫发展也是"一带一路"沿线国家科技交流
合作的重要领域。许竹青等人认为，"一带一路"应加大在科技
扶贫领域的合作力度，重点以"科技伙伴计划"和"科技援外"为
旗帜，与沿线国家搭建科技扶贫合作、农业技术资源共享平台，
形成以科技创新促共同发展的命运共同体。[2]

上述研究一致表明，民心互通的减贫效果是一致且深远的。
民心互通在于增进跨国经济主体间的沟通与了解，深入到了政
治、文化及意识形态层面，尤其是会通过教育及科技合作来发挥
作用。由于教育和科技对经济发展的影响是长远且持久的，民心
互通的减贫效果虽然较难"立竿见影"，但是一件"功在当代，利
在千秋"的事情。

---

① 谷媛媛、邱斌：《中国留学教育能否减少生源国人口贫困——基于"一带
一路"沿线国家的实证研究》，载《教育研究》，2019 年第 11 期。

② 许竹青、毕亮亮：《加强"一带一路"科技扶贫，推动沿线国家减贫发
展》，载《科技中国》，2018 年第 8 期。

(六)小结

本研究的理论分析表明，基建互通及民心互通分别代表"硬基础设施"和"软基础设施"，具有强的正外部性，二者对于"一带一路"沿线国家的减贫效果预期具有一致的正向影响，这一点也为既有研究所证实。从理论上看，商贸互通、产能互通对于"一带一路"共建国家的减贫效果具有不确定性，主要取决于中国的出口和对外投资与当地产业的互补性与竞争程度。既有的实证研究结论表明，商贸互通和产能互通展现了一定的减贫效果，表明目前阶段的互补效应优于竞争效应。既有研究同时表明，金融互通也具有一定的减贫效果，主要体现在金融互通能够助推实体经济的发展，进而惠及贫困群体，让他们更好、更快地实现减贫脱贫。

上述五个方面的互通所产生的减贫效应，可能会随着互通的深入发展而产生分化。尤其是商贸互通和产能互通，随着东道国企业不断从技术外溢中获益，并实现自身产业结构的升级，其与中国出口的产品及海外投资产业结构越发具有相似性及竞争性，由此可能会产生利益摩擦，从而削弱商贸互通与产能互通的减贫效果。金融互通需要警惕出现"金融空转"和"金融投机"等现象，需要"不忘初心"地支持实体经济的发展，以有效巩固前期的减贫成果,实现减贫的可持续发展。此外,基建互通及民心互通在实践推进过程中具有不对称性,基建互通要明显超前于民心互通,学术界对于基建互通的研究也更为充分。考虑到民心互通的"静水深流"特征,相关部门需要切实推进中国与"一带一路"沿线国家的文化、科技和教育交流,以期在意识形态维度达成合作共赢的理念,消除猜忌,形成稳定、合理的减贫预期。在可预见的未来,"一带一路"建设将为在世界范围内消除贫困、构建人类命运共同体贡献中国方案和中国智慧。

第三章 | "一带一路"建设与减贫的
实证分析

目前关于中国与共建"一带一路"国家合作减贫的研究主要在跨国投资和对外援助两个框架中展开，本章将继续沿用投资和援助分析"一带一路"建设对相关国家的减贫效果。本章首先以"一带一路"沿线国家的贫困率为因变量，采用广义矩估计（GMM）计量分析方法分析投资与援助对东道国贫困率的影响，并与固定效应和普通最小二乘法（OLS）回归结果进行比较；其次，由于贫困率还可以用就业率指标进行衡量，因此，我们又将东道国的就业率作为因变量，分析投资与援助对就业率的影响，作为稳健性检验，对比前后两者的分析结果是否一致。

一、样本选择与研究设计

本节主要介绍了实证分析所用样本的来源、变量及计量模型的设定，为本章的理论分析提供实证检验。

(一)样本选择与变量设定

本章以中国对 64 个"一带一路"沿线国家 2003—2018 年平衡面板数据为研究样本，即一般意义上的沿"丝绸之路经济带"和"21 世纪海上丝绸之路"分布的 64 个国家，包括蒙古国和俄罗斯、中亚 5 国、西亚北非 19 国、中东欧 19 国、东南亚 11 国、南亚 8 国。本章选择的样本期限为 2003—2018 年，主要是基于数据的可得性和统计口径的一致性，并且商务部、国家统计局、国家外汇管理局联合发布的《中国对外直接投资统计公报》公布的对外直接投资数据是从 2003 年开始的。本章的主要研究变量选取依据、测算方法及数据来源见表 3-1。

表 3-1 变量选取与测算

选取变量	简写	测算方法	数据来源	变量选取依据
贫困人口比例	$poverty$	人均日收入1.9美元数量占总人口比	世界银行《世界发展指标》	Rossi et al.，2016；Regelink and Eihorst，2015；Blonigen et al.，2007；Garretsen and Peeters，2009；Davies and Guillin，2014.
就业人口比例	$employ$	15岁以上就业人口占总人口比重	世界银行《世界发展指标》	
对外直接投资	$lnofdi$	投资存量（对数）	《中国对外直接投资统计公报》	
对外援助	$lnaid$	对外援助总和（对数）	世界银行《世界发展指标》	
经济水平	$lngdp$	人均GDP（对数）	世界银行《世界发展指标》	
贸易水平	$lntrade$	对外贸易总和（对数）	世界银行《世界发展指标》	
政府治理水平	wgi	六项政府治理指数均权值	世界银行《世界发展指标》	

表 3-2 为上述变量的统计性描述，包含了样本量、均值、标准误、最小值和最大值。我们剔除了异常值等数据严重缺失的样本，最终得到的计量分析样本如表 3-2。

表 3-2　变量的描述性统计

变量名	样本量	均值	标准误	最小值	最大值
poverty	1008	1.665	5.161	0	62.1
employ	1008	55.083	12.505	30.236	87.749
lnofdi	1008	7.609	2.796	0	15.426
lnaid	1008	7.869	3.516	0.322	15.714
lngdp	1008	7.869	3.516	0.322	15.714
lntrade	1000	12.286	2.228	2.783	16.511
wgi	945	−0.245	0.735	−1.994	1.639

(二)计量模型设定

由于投资和援助的减贫效果具有滞后性，因此，本文采用动态面板模型进行具体分析。

$$poverty_{it} = \beta_0 + \alpha poverty_{it-1} + \beta_1 lnofdi_{it} + \beta_2 lnaid_{it} + \tag{1}$$
$$\beta_3 lngdp_{it} + \beta_4 lntrade_{it} + \beta_5 wgi_{it} + \mu_i + \varepsilon_{it}$$

其中 i 为国家，t 为年份；$poverty_{it-1}$ 为贫困率的滞后一期项；μ_i 为不可观察到的地区效应，ε_{it} 为误差项。由于实证模型自变量中包括滞后一期的贫困率，同时存在不可避免的遗漏变量问题，因此模型不可避免地存在内生性问题，若运用普通最小二乘法估计(OLS)和固定效应(FE)方法将引起模型估计的偏误，而动态广义矩估计（GMM）能够克服模型估计的内生性问题。差分广义矩估计（GMM）和系统广义矩估计（GMM）是动态广义矩估计（GMM）的两种重要方法。与差分广义矩估计（GMM）方法相比，系统广义矩估计（GMM）方法能够解决弱工具变量问题，进而提高估计效率，同时，还可以估计不随时点变化变量的系数。考虑到两步广义矩估计（GMM）可能会引起估计参数的标准差发生偏倚，进而影响参数的估计结果，因此，本文采用一步系统广义矩估计（GMM）方法对模型进行估计。

二、实证结果与分析

本文运用一步系统广义矩估计（GMM）方法对所构建的动态面板模型进行参数估计，并进行稳健性检验。

（一）对外直接投资和援助的减贫效应

从一步系统广义矩估计（GMM）的估计结果来看（表 3-3 模型 1—模型 4）主要包括三方面。首先，对外直接投资可以明显降低东道国的贫困率。无论是否加入东道国的经济水平、治理水平等因素，对外直接投资均可明显降低"一带一路"共建国家的贫困人口比例。例如，模型 4 中，对外直接投资增加 1 个单

表 3-3 对外直接投资和援助对减贫的效果估计

变量	模型 1 系统 GMM	模型 2 系统 GMM	模型 3 系统 GMM	模型 4 系统 GMM	模型 5 OLS	模型 6 FE
$Poverty$ (−1)	−0.257*** (0.077)	−0.262*** (0.101)	−0.274*** (0.112)	−0.382*** (0.141)	−0.395*** (0.154)	−0.232*** (0.080)
$lnofdi$	−0.329** (0.076)	−0.354*** (0.669)	−0.262** (0.739)	−1.211** (1.154)	−1.232* (0.971)	−0.069*** (0.728)
$lnaid$	−0.142 (0.456)	−0.134 (0.402)	−0.077 (0.512)	−0.167 (0.420)	−0.154 (0.479)	−0.054 (0.264)
$lngdp$		−2.861 (4.004)	−1.325 (3.528)	−4.891 (4.257)	−5.161 (5.703)	−14.897 (13.299)
$lntrade$			−1.153 (1.871)	−2.062 (2.451)	−2.145 (2.323)	−6.096 (2.312)
wgi				16.507 (11.963)	17.301 (11.243)	0.756 (8.330)
常数项	6.756 (4.911)	28.349 (32.929)	27.086 (26.726)	70.371** (35.045)	73.937 (55.148)	−31.953 (79.018)
样本量	114	114	114	114	114	114

位，东道国的贫困人口下降 1.211 个单位。其次，援助可以降低东道国的贫困率，但是效果并不明显。从模型 1—模型 4 可以看出，中国增加对"一带一路"共建国家的援助确实有助于降低东道国的贫困人口数量，但是效果并不明显。最后，经济水平、对外贸易、国家治理均可以降低贫困率，同样效果并不明显。此外，为验证系统广义矩估计（GMM）结果的有效性，本文采用普通最小二乘法（OLS）和固定效应方法对动态面板进行估计，估计结果可见表 3-3 中的模型 5 和模型 6。一步系统广义矩估计（GMM）中被解释变量的滞后一期估计结果处于普通最小二乘法（OLS）（-0.395）和固定效应（-0.232）估计结果之间，说明一步系统广义矩估计（GMM）的结果是有效的。在一步系统广义矩估计（GMM）结果中，贫困率滞后一期项的系数显著为负，说明对外直接投资和援助对"一带一路"共建国家贫困率的降低具有滞后性，这也进一步说明本文构建动态面板模型分析是有必要的。

（二）稳健性检验

中国对"一带一路"共建国家的减贫效果还可以从就业创造来看。[1] 因而，我们用"一带一路"共建国家的就业率作为被解释变量进行稳健性检验（表3-4）。通过对表3-4的分析，可以看

---

[1]　余淼杰、高恺琳：《中国—东盟自由贸易区的经济影响和减贫效应》，载《国际经济评论》，2018 年第 4 期。

表 3-4 稳健性检验

变量	模型 7 系统 GMM	模型 8 系统 GMM	模型 9 系统 GMM	模型 10 系统 GMM	模型 11 OLS	模型 12 FE
$employ$ (-1)	0.970*** (0.051)	0.986*** (0.038)	0.997** (1.019)	0.996** (3.626)	0.995*** (3.626)	0.821*** (0.091)
$lnofdi$	0.107** (1.017)	0.167* (0.849)	0.115** (6.242)	0.102*** (16.508)	0.102*** (16.508)	0.039 (0.072)
$lnaid$	0.0143 (1.152)	0.071 (0.894)	0.069 (1.181)	0.070 (1.268)	0.070 (1.268)	0.048 (0.026)
$lngdp$		0.608 (0.578)	0.515 (9.021)	0.486 (30.595)	0.486 (30.594)	1.097 (1.326)
$lntrade$			0.147 (1.248)	0.155 (6.377)	0.155 (6.377)	0.057 (0.230)
wgi				0.001 (37.062)	0.0007 (37.062)	0.153 (0.813)
常数项	0.929 (2.731)	-4.667 (5.739)	-5.839 (60.788)	-5.677 (222.274)	-5.677 (222.274)	3.384 (9.926)
样本量	114	114	114	114	114	114

出，基本与表 3-3 得到的结论一致。首先，对外直接投资可以显著提高"一带一路"共建国家的就业率。其次，援助并不能显著提高"一带一路"共建国家的就业率。最后，经济发展、贸易和国家治理等均可以提高就业率，但效果同样不显著。此外，被解释变量就业率的滞后一期项系数均显著为正，且均在普通最小二乘法（OLS）（0.995）和固定效应（0.821）之间，同样说明了本文动态面板模型的必要性和一步系统广义矩估计（GMM）结果的有效性。

三、小结

根据表 3-3 和表 3-4 的估计可以看出，对外直接投资可显著降低东道国的贫困人口占比，但是援助并没有显著的效果。可能的原因是对外直接投资的项目更加注重经济回报，更加注重效率而非公平，因而投资项目无论是在风险评估还是在战略规划等方面都会非常谨慎，相较于援助而言，投资对东道国的经济发展具有更好的推动作用。援助相对更加倾向于公共基础设施等非营利项目，这可能也是援助并不能显著降低东道国贫困率的另一个原因。

第四章 | "一带一路"建设与减贫机制研究

　　"一带一路"共建国家很多都遭受过旧殖民统治体系的剥削和压制，受历史与自身情况的制约，很多国家至今仍无法摆脱贫困、饥饿和动乱的困扰。在国际竞争日趋激烈的背景下，落后国家面临着更为艰难的挑战。"一带一路"倡议的提出与实践和相关国家的发展诉求相契合，中国通过合作将自身的经济发展和减贫经验与相关国家进行分享，对减缓落后地区的贫困起到了重要的积极作用。本章将从"一带一路"倡议所涉及的基础设施建设、产能合作、贸易往来、金融合作以及人文教育交流几个方面探讨"一带一路"建设与减贫之间的关系。

一、基础设施建设与减贫

基础设施投资以及援助建设是中国帮助"一带一路"共建国家减贫的主要方式。从微观角度看，基础设施可以直接增加贫困人口对工作的可获得性，提高生产生活效率，促进落后农村农业的发展，以此提高贫困人口的收入水平。从宏观角度看，基础设施的完善有利于推动经济整体增长，并通过改善收入分配结构而产生减贫的效果。基础设施减贫的作用机制可用图 4-1 来概括。

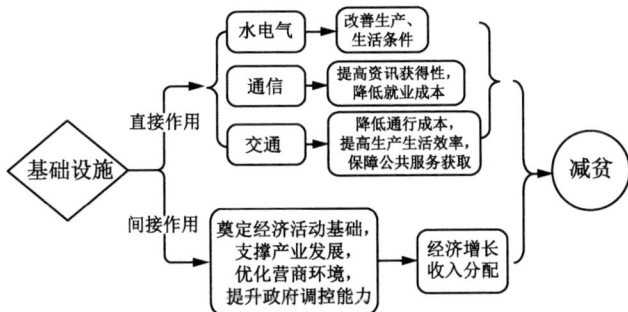

图 4-1 基础设施减贫机制示意图

(一)基础设施建设对减贫的直接作用

基础设施建设对减贫的直接作用从基础设施的不同类型看，

可以分为交通基础设施、通信基础设施、水电气基础设施，尽管它们各自发挥的作用有所差异，但均对减贫产生了积极影响。基础设施建设对于减贫的直接影响，主要表现在随着公路等基础设施条件的改变，直接有利于降低运输成本，提高经营效率；而水电气既是农业和工业等基础产业发展的基本前提条件，也与人民生活密切相关。

有研究者分析了基础设施在经济全球化产生的减贫效益中所发挥的作用，构建了经济全球化、基础设施、贫困间的关系模型：[①]

$$Pov_i = \gamma_0 + \gamma_1 Global_i + \gamma_2 Emp_i + \gamma_3 PubExp_i + \gamma_4 Inf_i + \varepsilon_i$$

其中，Pov_i 代表国家 i 的贫困水平，$Global_i$ 代表经济全球化水平。Emp_i 表示总劳动力中的就业人口占比，$PubExp_i$ 表示公共支出，Inf_i 表示通货膨胀水平。然后利用两阶段最小乘法工具变量 IV 技术进行估计，估计模型为：

第一阶段：

$$Global_i = \alpha_0 + \alpha_1 Instrument_i + \alpha_2 X_i + u_i$$

第二阶段：

$$Pov_i = \beta_0 + \beta_1 (\widehat{Global_i}) + \beta_2 X_i + v_i$$

其中，使用了一个工具变量来表征基础设施的质量，包括

① A. Alastaire Sèna, "Globalization, Poverty And Role Of Infrastructures," *Journal of Economics and Political Economy*, 2015(1 Suppl), pp. 197-212.

电信、铁路、机场以及能源基础设施。基于133个发展中国家样本数据的分析，发现经济全球化的减贫效应显著，但配套的基础设施是其发挥作用的必要条件。

1. 道路交通设施促进减贫

完善的交通设施为人们获得更多的生产资料、服务和就业机会提供了良好的媒介，从生活中的各个环节对减贫事业作出了突出贡献。交通设施的减贫贡献可以归纳为几个方面。第一，交通设施的建设作为劳动密集型产业能够提供大量就业岗位。桥梁、道路等交通设施的建设对低技能劳动力需求庞大，而低技能劳动者往往也正是贫困的高发群体，因此，道路交通设施建设项目自身就承载了很大的减贫任务。第二，交通设施改善带来的通行便利性能够有效提高人们生产、生活的效率。通过降低劳动力的转移成本提高劳动者在区域间的流动性，让落后地区的贫困人口有机会到发达城市从事非农就业，从本质上促进了劳动资源的合理配置，便利的交通也增加了信息获取的便利性，由此使就业选择更加丰富。第三，交通便利能够有效促进本地产业的发展。农村地区的农产品往往因为道路不畅而无法及时运至市场，常常出现"农村产品滞销，城市农产品难买"的现象，短期的滞销会给农民带来严重损失，长此以往可能会对当地农业产生致命打击。由此，疏通道路使农产品外销，可直接带动落后地区农业的发展。同时，由于近年来城镇化发展速度过快，越来越多的城市居民开始向往农村田园化的生活环境，为发展农村旅游、农家乐等产业带来了良好机遇，本地旅游等产业带来的人员流入，又为餐饮、住宿等服务业的发展带来了契机，而这一切得以发展的前提便是道路交通设施的建设和完善。第四，帮助偏远地区人们获得教育、医疗等社会保障资源。由于优质的医疗、教育资源往往集中在较发达的地区，交通便利能够让人们更容易获得这些资源。医疗服务质量关系人们的健康水平，教育服务质量关系人力资本水平，当落后地区的贫困人口能够更加便利地获得良好的医疗、教育等资源时，则有利于这些地区健康的、高水平的人力资本的积累，而这往往是获得高技能和高收入工作岗位的基本条件，民众综合素质的提高也有助于可持续性自发式脱贫事业的发展。

综上所述，交通基础设施建设不仅可以直接带来就业岗位，也可以通过改善通行的便利性，促进本地产业的发展，从而创造更多的就业机会。此外，交通便利带来的医疗、教育等优质资源的易获得性，也能对减贫脱贫产生积极的影响。

在实证研究中，大量学者也发现了交通设施建设对减贫的积极影响。例如，有研究者发现农村与交通设施不完善的地区往往贫困发生率较高[①]；也有研究者认为公路对农村地区减贫

---

① J. Gibson & S. Rozelle, "Poverty and Access to Infrastructure In Papua New Guinea", *SSRN Electronic Journal*, 2002(52), pp. 159-185.

起着重要的支撑作用,大量区域性的研究也都证实了这一结论。[1] 有研究者基于 1994—2002 年的面板数据,检验了交通设施在中国对减贫的影响,构建的模型如下:

$$y_{it} = \alpha_i + \beta X_{it} + \gamma Z_{it} + \varphi W_{it} + \mu_{it}$$

其中,y 代表经济增长水平,用人均 GDP 衡量;X 代表生产要素,由劳动力增速衡量;Z 表示初始增长条件,由 1990 年的真实人均 GDP 和受 9 年义务教育的人口比例衡量;W 表示市场规模和交通之间的差异,由人口密度、公路、铁路密度表征。对回归结果进行分析,得出结论为在交通领域的投资是实现经济增长的重要因素,并且经过对比分析发现,在贫穷地区的公路建设投资对减贫的作用非常显著。[2]

2. 通信网络设施促进减贫

贫困地区除了缺少交通设施,通信网络设施也极度匮乏。由于信息闭塞,人们难以获得外部工作机会,提高了当地居民获得工作的成本,面对外部未知领域的不确定性,人们也很难跨出寻求非农工作的步伐,缺乏外出劳作的动力,这种情况久而久之便容易形成恶性循环,不利于当地的经济发展。通信网

---

[1] D. F. Bryceson, A. Bradbury & T. Bradbury, "Roads to Poverty Reduction? Exp loring Rural Roads Impact on Mobility in Africa and Asia", *Development Policy Review*, 2008, 26(4), pp. 459-482.

[2] W. Zou, F. Zhang, Z. Y. Zhuang, et al. "Transport Infrastructure, Growth, and Poverty Alleviation: Empirical Analysis of China," *Annals of Economics and Finance*, 2008(2), pp. 345-371.

络设施的建设，加强了信息的可获取性，一方面本地人可以获得外部的工作招聘信息，贫困人口容易通过劳动输出提高收入，是简单有效的脱贫方式；另一方面，通信便利也让外界更容易了解贫困地区的困境，有助于社会公益和公共资源向该地区流动。[①] 农村地区以农业养殖为主要产业，农民收入来源除了依赖谷物、家畜的产量，顺畅的销售渠道似乎更为重要。滞销往往会给农民的收入带来沉重打击，让农民长期的投入付之一炬，产生的损失是导致贫困的重要原因。

通信网络带来的信息对等，有利于借助市场的调节能力，优化贫困地区的产业结构，使当地资源得到优化配置，最大化各类产业效益。网络设施带来了低成本的学习渠道，农民比以往更容易获得先进的农业技术，从而提高农作物种植水平和农民的直接收入。网络上的就业培训资料，可提升贫困人群的自身能力，使其能够满足更多的岗位要求。更多的谋生方式也会被引入，如近年来的拍客、直播热等，让落后地区的人们不必远走他乡也能通过脑力劳动获得可靠的收入，多样化产业的发展使农村只靠农业的情况成为历史，产生了更为系统化的减贫效果。互联网的普及在一定程度上改善了教育资源分布不均的状况，农村教育基础设施和师资力量不足，

---

① 刘生龙、周绍杰：《基础设施的可获得性与中国农村居民收入增长：基于静态和动态非平衡面板的回归结果》，载《中国农村经济》，2011年第1期。

通过互联网将优质教育资源共享，贫困地区的学生也能利用线上教育平台进行更加系统性的学习，同时，农村教师也可以利用线上平台学习更为先进的教育思想和教学理念并汲取优秀教师的教学经验，以此提高整个教育体系的综合水平和质量。

有研究者发现德国宽带网络的可获得性与失业率存在负向相关关系，即表明提高宽带设施有利于提高就业水平。[1] 也有研究者利用 G20 的宏观数据发现网络通信基础设施有利于国家经济水平的提高。[2]

有研究者基于 2002—2014 年共 135 个国家的面板数据，构建了计量模型来测算移动宽带设施的普及对经济的影响，模型如下：

$$\Delta \ln Y_{i,t} = \beta_0 + \beta_{MB} \Delta \ln MB_{i,t} + \beta_K \Delta \ln K_{i,t} + \beta_L \Delta \ln L_{i,t} +$$

$$\beta_{HK} \Delta \ln HK_{i,t} + \delta_t + \upsilon_{i,t}$$

其中，MB 表示移动宽带占总宽带连接的比例，K 代表资本要素，L 是劳动力，HK 表示人力资本，δ 是年份虚拟变量，υ 是一阶差分残差。回归结果表明，无论是首次引入移动

① N. Czernich，"Does Broadband Internet Reduce the Unemployment Rate? Evidence for Germany"，*Information Economics and Policy*，2014(29)，pp: 32-45.

② R. Pradhan，G. Mallik ＆ T. P. Bagchi，"Information Communication Technology (ICT) Infrastructure and Economic Growth: A Causality Evinced by Cross-country Panel Data"，*IIMB Management Review*，2018，30(1)，pp: 91-103.

宽带还是移动宽带的逐渐普及，都对经济增长产生了正向的显著影响，移动宽带普及率每提高 10%，将会促进 1% 的经济增长。[①]

3. 水电气基础设施促进减贫

供水、供电、供气等从保障居民生活质量、改善生产条件两方面实现了落后地区的减贫目标。贫困地区往往水电气设施不完善，特别是西北干旱地区，不仅农业生产用水问题严重，基本的居民生活用水也难以得到保障。电力设施是农村产业发展的基础，发展乡村企业是乡村振兴脱贫的一大途径，其中，水电气是支持其发展必不可少的能源保障。水电气设施的完善有利于降低其使用成本，提高贫困人口对诸如电饭煲、洗衣机、电视、燃气炉的使用率，由此改善其消费支出结构，提高生活质量。

有研究者以中国农村为研究对象，发现电力对农村减贫有显著的积极作用，其减贫弹性为 0.42，每 1 万元电力开发投入，可以让约 2.3 人脱贫。另外，研究发现灌溉设施的完善直接促进了农业产量的增长，从而实现减贫，估计弹性为 0.41。[②] 研

---

① H. Edquist, P. Goodridge, J. Haskel, L. Xuan & E. Lindquist, "How Important Are Mobile Broadband Networks for the Global Economic Development?", *Information Economics and Policy*, 2018(45), pp. 16-29.

② F. Cheng & X. B. Zhang, "Emergence of Urban Poverty and Inequality in China: Evidence from Household Survey", *China Economic Review*, 2002, 13(4), pp. 430-443.

究者通过对孟加拉国农村调研发现，农村家庭通电水平每提高
1个百分点，家庭总收入增加近6个百分点。[①] 有研究者对世界
银行援助的亚洲农村电气化项目进行评估，结果表明孟加拉国
和印度农村电气化设施提高了灌溉技术的应用和普及，由此提
高了农业生产效率并降低了贫困水平。[②]

李燕等利用2004—2013年232个地级市面板数据，研究了
中国农村基础设施（水利、电力、公路）对农业产出的影响，模
型采用动态面板回归模型及系统广义矩估计（GMM）来估计，模
型如下：

$$\ln Y_{it} = \alpha_1 \ln Y_{it-1} + \alpha_2 \ln INFR_{k,\,it} + \sum_l \beta_l \ln X_{l,\,it} + \eta_i + u_t + \varepsilon_{it}$$

其中，Y 表示农业产出，$INFR$ 表示农业基础设施，$k=1$、
2、3分别表示公路、农业灌溉、农村电力基础设施，X 为控
制变量，η 表示地区效应，μ 表示年份效应。回归结果显示电
力水利设施对农业产出的影响存在差异性，交通和电力设施
对农业产出增长的影响显著为正；灌溉设施对粮食主销区的
影响显著为正，但对粮食主产区和主销区的影响显著为负，

① S. R. Khandker, G. B. Koolwal, "How Infrastructure and Financial Institutions Affect Rural Income and Poverty: Evidence from Bangladesh," *The Journal of Development Studies*, 2010(6), pp. 1109-1137.

② J. A. Songco, "Do Rural Infrastructure Investments Benefit the Poor? Evaluating Linkages—A Global View, A Focus on Vietnam", *World Bank Policy Research Working Paper*, 2016(2796), pp. 1-65.

原因可能是忽视了沟、塘、渠等小型水利设施的建设。因此，应当重视落后地区中小型水利设施投资建设，以帮助其减缓贫困。[①]

(二)基础设施建设对减贫的间接作用

除了直接作用外，基础设施建设还有利于促进经济增长，进而通过经济增长的"涓滴"效应和财政效应对减贫效果产生积极影响。此外，基础设施建设还能够通过调节收入分配缩小贫富差距，进而产生减贫效应。

1. 基础设施促进经济增长

基础设施投资是各类经济活动得以顺利进行的先行资本，对经济的综合增长起到了支撑和推动作用。基础设施建设的人力资源需求庞大，因此在建设阶段便可以直接带动当地的消费和就业，直接促进经济增长。基础设施建成投入运营后，一方面仍可维持相当水平的就业需求；另一方面通过基础设施带来的便利性，可以间接促进各行各业的发展。道路交通设施通过缩减出行时间，降低运输成本，为地区内和地区间的经济活动带来了活力。网络、电话等通信设施是产业发展信息化、网络

---

① 李燕、成德宁、郑鹏：《农业基础设施对农业产出的影响及其区域差异——基于 2004 年～2013 年中国 232 个地级市的分析》，载《广东财经大学学报》，2017 年第 6 期。

化的基础条件，信息传递和交互的便捷化提高了参与经济活动的主体间的交流效率，也提高了经济活动发生的频率。现代生产经营活动难以离开水、电、气，一方面从事经济活动的人依赖水、电、气改善生活水平，另一方面大到工厂、企业，小到餐馆、理发店，都离不开水、电、气的供给。完善的水、电、气设施，保障了基础能源的供给，降低了使用成本，带动了经济的增长。综上所述，基础设施的投资建设对农村落后地区的发展起到了基础支撑作用，一方面为本地的生产经营活动提供了动能，另一方面加强了区域间物资、人才、信息的流动，通过市场力量对资源进行优化配置，不仅推动了农村经济的增长，还扩大了城市的经济活动范围，有助于城乡一体化、乡村振兴战略的实现。

基础设施建设带动了经济的整体增长，经济增长通过"涓滴"效应和财政效应来实现减贫。"涓滴"效应是指在经济增长的过程中，优先发展起来的群体或地区可以通过消费、就业等方面惠及贫困阶层或地区，以此带动其发展和富裕。这与"先富带动后富"的思想相近，如城市居民收入水平高，可以通过购买农产品，开展乡村旅游活动，以及大量经济活动产生的劳动力需求，带动农村落后地区的发展，解决就业困难的问题，提高农村贫困人员的收入，缩小贫富差距。财政效应是指经济增长为政府带来了更多的财政收入，通过转移支付手段实现精准扶贫。

更多的财政预算可用于对落后地区的定点帮扶，支持农村基础设施、教育、医疗、社保、就业等公共服务体系的建设，也可以通过财政补贴方式鼓励人才支援偏远地区的教育、产业等各方面的建设，实现减贫目标。

2. 基础设施建设调节收入分配

基础设施对经济发展起到了奠定作用，带动了农村贫困人员的收入增长，以此在一定程度上缩小了城乡居民的收入差距。基础设施的完善，使邻近城市的公共服务范围得以覆盖农村落后地区，提高农村居民的生活保障水平。基础设施的建设吸引了发达地区技术和资本的流入，为当地居民创造了大量就业机会，市场化程度的提高形成了更好的营商环境，提高了农村整体的工商业水平，使得贫困人口可通过劳动获得更多报酬而脱贫。但需要注意的是，经济增长可能也会导致"贫富差距扩大"情况的发生，这往往是因为地区经济增速过快，过于关注短期利益而忽视了效率与公平的平衡。这时候就体现了政府调控能力的重要性，经济整体增长使政府可支配财政收入增加，便可以通过转移支付、提高低保标准、定向提供就业等方式为贫困人口提供更好的生活工作保障，保障居民的基本生存权利。尽管收入差距拉大的情况确实存在，但笔者认为基础设施改善带来的经济增长，使高、低收入阶层的收入都实现了增长，并不会导致"穷人更穷"情况的发生，通过政府的转移支付手段，提高了低收入阶层的收入，缩小了收入分配差距，促进了社会公平。

二、产能合作与减贫

产能合作是指两个或多个国家（地区）有意愿和需求让本国产能进行跨国或者跨区交易，由此通过产品输出或产业转移的方式实现利益双赢或多赢。对中国来说，产能合作是推进国内产业转型升级、推动经济实现战略性结构调整的重要途径，这不仅能加快国内优质产能走出去，也有助于实现全球市场资源的进一步优化配置，促进国际产业链分工的合理性，形成多方共赢的全新格局。"一带一路"共建国家中很多地区存在产能不足的情况，中国不仅有富余的中低端产能，也有高端先进产能，而非洲、拉丁美洲等国家有丰富的原材料，双方优势互补，形成了良好的产能合作基础。产能合作可以有效帮助落后国家推进工业化和农业现代化进程，产业的发展可以实现系统性的减贫目标，辅以中国成熟的扶贫经验和模式，将为"一带一路"落后地区的减贫事业奉献中国智慧。图 4-2 概括了产能合作对减贫的作用机制。

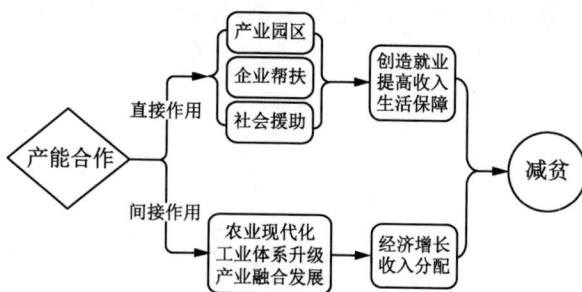

图 4-2　产能合作的减贫机制

（一）产能合作对于减贫的直接作用

中国企业通过不同的产能合作方式在"一带一路"共建国家创造了大量就业机会，同时传授实用的工作技能来改善东道国的生存技能，推动贫困人口自主脱贫步伐。中国企业在非洲等落后地区的主要投资集中在岗位需求量巨大的基础设施建设和制造业等行业，劳动力可以从本地直接招募，为东道国解决了很大的就业问题。例如，中国与尼日利亚合作修建的价值约 120 亿美元的沿海铁路为当地带来了近 5 万个直接就业岗位以及 15 万个间接就业岗位。又如，中广核铀业发展有限公司与中非发展基金在纳米比亚收购铀矿，创造了 6000 个临时就业岗位以及 2000 多个稳定的工作岗位。建设经贸合作产业园区成为中国与"一带一路"共建国家开展产能合作的重要方式，据不完全统计，中国已经在非洲合作建设了逾 25 个经贸合作园区，入区企业超 400 家，累计投资金额超 60 亿美元，涉及能源矿产、轻工建材、纺织制造、家用电器等行业，产值近 200 亿美元，为东道国带来近 10 亿美元的税收收入，同时解决了东道国 4 万多人的就业问题。[①] 建设产业园区使中国企业以对外投资的方式走出去与落后地区开展产能合作，推动了中国制造业的国际化布局发展，降低了企业成本，提高了企业抗风险能力，且有效带动了周边配套服务业的发展。与此同时，产能合作能够让中国企业更好地利用东道国的资源禀赋和劳动力优势，整合稀缺要素，发挥溢出效应，实现产业转移和优化，促进东道国本土制造业的发展。

另外，产能合作也在客观上促进了东道国本土企业的发展，企业的发展壮大进一步带来了更多的劳动力需求，将产生更广泛的减贫效果。一是中国企业通过产业合作、技术交流等方式为东道国带来了更先进的生产技术和企业管理理念，帮助东道国企业发展和转型升级。二是中国企业在向"一带一路"共建国家投资的过程中从当地供应商采购各种生产资料产生的垂直溢出效益，以及通过员工培训、示范作用、与本土企业竞争产生的水平溢出效应都积极促进了本土企业的良性发展，提高了员工整体技术水平。[②] 麦肯锡咨询公司发布的调研报告指出，

---

① M. Zhang, "The Present and the Future of China's Production-capacity Cooperation with Foreign Countries", *China International Studies*, 2016（1），pp. 116-131.

② 王志章、郑时彦：《中国与非洲产能合作反贫困的现实困境与对策建议》，载《重庆大学学报（社会科学版）》，2019 年第 5 期。

中国企业在非洲雇用的本土员工数量已达上百万人，且大部分企业在雇用的过程中通过职业培训，提高了当地就业人员的技术水平与知识水平，极大地提升了贫困人口的综合素质，创造了可持续性的减贫途径，对其持续性脱贫和永续发展意义重大。

主动承担社会责任始终是中国企业响应"一带一路"倡议过程中坚持的一项原则。一方面，中国企业在"一带一路"国家投资活动过程中，积极参与"帮助发展医疗事业""支持当地发展教育""帮助基础设施建设""积极开展赈灾济贫活动"等领域的扶贫事业。例如，汉能控股集团等中国民营企业通过与联合国艾滋病规划署开展合作，共同发起了"能亮非洲"等公益计划，从多个层面为当地贫困人口提供了生活保障，为脱贫事业打下了良好基础。另一方面，中国企业在产能合作过程中向落后国家传授中国多年积累的丰富减贫经验，贡献了"中国智慧"，提供了"中国方案"，有效地帮助了落后国家开展脱贫工作。

（二）产能合作对于减贫的间接作用

产能合作除了可以直接减贫外，还可以通过完善工业体系和促进农业现代化发展等方式帮助"一带一路"共建国家实现减贫。

1. 完善工业体系，实现产业升级

产能合作能够帮助"一带一路"落后国家完善工业体系，提

升制造能力，推进东道国工业化进程，进而产生多维多层减贫效果。其一，"一带一路"共建国家多处于工业化起步阶段甚至仍以农业经济为主，中国在这些国家开展的基础设施建设等产能合作项目，为东道国的产业经济发展提供了基础条件。长期来看，无论在什么地区，基础设施建设滞后是地方经济难以发展的最重要因素，其影响了多种经济活动的开展，致使产业带动减贫的作用难以发挥，也增加了区域人口的生活成本，是导致贫困的一大原因。中国与"一带一路"共建国家通过在基础设施建设领域开展一系列产能合作，拉动了东道国国内的投资市场和消费市场，并帮助其实现产业升级，最显著的效果便是帮助东道国的第二产业快速发展起来。第二产业的工资收入预期高于第一产业收入，可以吸纳大量农村剩余劳动力，尤其是对于贫困主体，吸引贫困户就业，直接改善当地贫困人口的就业和生活质量，对减贫有显著影响，也为长期产业扶贫创造了良好的条件。随着经济的快速发展，第一产业的机器设备更加先进，需要的劳动力数量减少，会导致大量的农村剩余劳动力，大量农村剩余劳动力受第二产业高工资的吸引，引致农村剩余劳动力转向第二产业，同时带动第二产业发展；同理，第二产业较高的生产技术水平带来较高的收入，吸引第一产业的劳动力资源重新配置。农村剩余劳动力的非农转移就业，使第二产业的发展成为减贫的重要途径。

其二，从产业发展的角度来看，农业经济向工业化城镇化发展的过程中，农村土地、资源环境等方面都受到了一定程度的破坏，所以工业的发展需要反哺农业。因此，第二产业要为第一产业的发展提供生产设备、技术支持和资本投资，扩大第一产业生产规模，提高生产效率，引进先进的生产技术，合理地将资金流向第一产业发展，改善农村第一产业落后的生产面貌。另外，工业的发展也可以促进农业的现代化发展。工业通过促进农村耕地集聚，引导农业生产规模化，甚至与工业企业合作成立农产品加工公司，提高农产品附加值，实现工农业的联动效应，促进农业化转型。所以，工业反哺农业，不仅能改善农村的生产、生活条件，还能促进农村产业结构转型升级，缩小城乡差距，切实解决"三农"问题，增加贫困人口收入，减少贫困的发生。工业的发展也惠及了农产品加工业，农产品加工业是很重要的民生产业，具有行业覆盖广、带动作用强、产业关联度高和参与企业多的特点，为解决"三农"问题作出了重要贡献，也对贫困人口脱贫起到了不可忽视的作用。工业水平的提高，保障了优质产品的产出和生产效率的提高，一些经济不发达国家的工业水平难以满足众多人口的基本物质需求，而工业化的生产线有助于降低食品、生活必需品的成本，有效提升商品和服务在贫困人群中的可获得性，直接惠及贫困人口，提升贫困人口的生活品质。从需求角度出发，一方面，随着工业化、城镇化进程的推进，人们不再单纯地只满足粗粮或者原始食物，加之人口流动的原因，农村人口转移到城市，降低了粮食的直接消费，对加工食品的需求显著增加，推动了农产品加工业的发展，贫困人口得到新的就业岗位，提高了收入，改善了生活。另一方面，提高农产品附加值，农产品从初始产品经过加工后其产品价值得到提高，市场价格更高。由以前低附加值的产品升级为高附加值产品，农产品加工的价格效应更高，贫困人口不仅从事第一产业生产，还会参与第二产业生产，使农产品加工业的投资增加、技术升级、规模扩大，创造了更多的就业机会，可以容纳更多的劳动力，提供较多的就业岗位。

其三，产能合作通过工业全面发展促进东道国经济增长，提高人们工资收入，积累反贫困资本，优化二次分配，改善贫困人口生活状况。"一带一路"共建国家的经济基础建立在自然资源的粗放式开发和初级加工之上，经济增长模式单一，缺乏多元化的就业需求。南非大学非洲复兴研究领域专家赛拉雷强调，非洲国家只有摆脱过度依赖自然资源采掘、出口的单一经济结构，才能够真正提高经济社会发展水平，提高人民的整体生活质量。产能合作能够通过产业转移的方式，让一些不发达国家成为"产业漂移"的承接地，通过资本与新技术带动工业、制造业的发展，提高生产效率，填补产业空白，推动"非洲制造"的快速发展，摆脱长久以来对自然资源的高度依赖，发挥丰富劳动力优势，优化经济产业结构，提升经济增长动力，充分发挥"后发优势"和"追赶效应"，实现自身发展。例如，连续几年非洲国家埃塞俄比亚的年均经济增速达 9%，工业增加值约占GDP 总量的 1/4，中国企业投资在其中也起到了一定的积极作用，目前埃塞俄比亚已经有 400 多家中国制造业企业。① 除此之外，中国企业的直接投资也填补了埃塞俄比亚在玻璃制造、碘盐生产、胶囊壳制药等产业上的空白，打破了该国部分产品完全依赖进口的困境，使标有"埃塞制造"的商品走出国门，成为埃塞俄比亚的出口创汇产品。卫生领域的产能合作，也有助于提高本土医疗器械化的发展，促进医疗人才的培养，保障了医疗产品与服务的可获得性，有效避免了"求医难看病难""因病致贫"等情况的发生。

2. 促进农业现代化发展

落后的农业经济是阻碍许多国家走向富裕的一大客观现实。在"一带一路"共建国家中，尤其是在非洲，大量人口仍然生活在农村地区，务农是其生活的主要甚至唯一收入来源。尽管拥有非常丰富的土地资源，但由于其农业生产和管理方式落后，农产品产出效率很低，粮荒现象时有发生。非洲国家现阶段仍

---

① 刘青海：《引领中非务实合作向更高水平迈进》，载《光明日报》，2018-08-28。

依赖初级农业经济模式，通过种植业、养殖业、畜牧业、林业、渔业等产业生产出相应的农产品，并将其直接在市场上进行买卖，获得收入。这部分收入是农产品直接产出、买卖获得的收入，此时贫困主体作为农产品的供给者，他们从事农业生产，通过买卖产品来获得收入。因为处于产业链的底端，基础的农产品生产售卖无法获得更高的附加值，难以依靠落后的模式获得减贫溢出效果。

中国采取产能合作的渠道，通过加大在落后地区的农业领域投资，开展农业园区合作，建设农业示范区，帮助农业基础设施的升级等一系列硬举措，辅以农业技术和经验交流等软举措，帮助非洲一些不发达国家实现农业现代化升级，有效提高了农产品的生产效率，给予了农业落后国家更好的粮食安全与供给保障，直接惠及了大量的农村贫困人口。当农业发展迅速，带来生产水平的提高，贫困人口可以收获更多的农产品用于出售，有利于贫困人口摆脱贫困。贫困主体也是市场上的消费者，他们作为农产品的生产者，在一定程度上可以减少消费支出，相当于提高其收入；另一方面，当农业快速发展，农产品供给增加，价格下降，贫困人口购买成本下降，减少食物或者生活用品的支出，相当于增加贫困人口收入，这部分增加的隐形收入可以用于购买其他产品或服务。除此之外，农产品价格效应带来的收入，可以让贫困家庭用来积累或者投资，既提高了储蓄率，又增加了投资，便于贫困家庭应对未知的风险，防止意外导致返贫的可能。农业是劳动力密集产业，对从事其劳动的就业者的职业素养要求不高，生活在农村或者山区的贫困人口，自身教育程度低、工作技能有限，更适合从事农业生产活动。随着农业的发展，生产率得到提高，带动了与农业相关产业的发展，吸纳了更多的人就业。例如，通过依托农林牧渔业为基础的农业资源，发展当地特色农家乐、现代农业生态园、农耕体验中心以及生态养老服务中心等第一、第二、第三产业融合发展的新兴业态，增加贫困户就业岗位，进而提高贫困主体收入。此外，也能相应地提高从事农业就业者的工作能力，便于他们可以学到技能，拥有可持续发展的能力。以莫桑比克为例，中莫两国联合开展了多个农业合作项目，包括棉业公司棉花产能合作项目等，同时推广"公司＋农户"的产销一体化经营模式，精准解决贫困地区就业和收入问题。同样地，万宝莫桑农业园项目作为两国产能合作的重点项目，开发了2万多公顷的耕地，结合对本地农民的技能培训，形成了集水稻种植、仓储、加工、销售于一体的大型农业示范基地，为当地农业经济带来了新的增长动力。

在与"一带一路"共建国家开展产能合作的同时，主动承担社会责任始终是中国企业坚持的一项原则，中国企业积极参与"帮助发展医疗事业""支持当地发展教育""帮助基础设施建设"

"积极开展赈灾济贫活动"等领域的扶贫事业，同时向落后国家传授中国多年积累的丰富减贫经验，贡献了"中国智慧"，提供了"中国方案"，有效帮助落后国家开展脱贫工作。[①]

三、贸易往来与减贫

贸易往来也具有明显的减贫效果，可以通过拉动就业、提高收入、促进经济增长、改善收入分配等不同途径来实现减贫目的，具体可由图 4-3 概括。

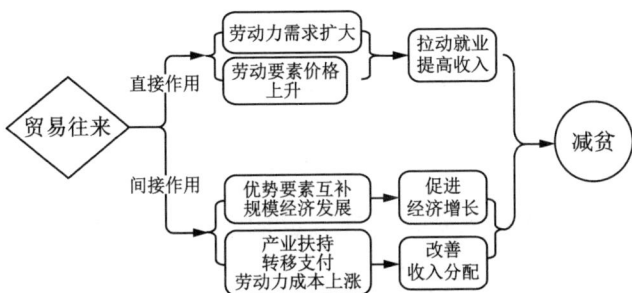

图 4-3　贸易往来的减贫机制

（一）贸易往来对于减贫的直接作用

对于发展中国家而言，贸易自由化后的要素市场将成为影

---

① 王志章、郑时彦：《中国与非洲产能合作反贫困的现实困境与对策建议》，载《重庆大学学报》（社会科学版），2019 年第 5 期。

响收入的一个重要机制。对于贫困人群来说，最直接的减贫手段仍是解决就业和提高工资。发展中国家的非熟练劳动力占贫困人群的主要组成部分，根据要素禀赋理论可以推知，出口劳动密集型产品将提高低收入劳动力群体的就业水平、工资水平，贫困状况也将由此得到改善。

我国改革开放以来的对外贸易政策为国内带来了巨大的财富增长，对降低国内贫困现象起到了显著作用。自2001年加入WTO以后，我国对外贸易规模迅速扩大，经济发展迅猛。近年来，我国对外贸易态势良好，净出口额不断扩大，已经成为世界第一大贸易国。伴随着对外贸易的不断发展，其在降低我国贫困发生率方面也发挥了至关重要的作用。

(二)贸易往来对于减贫的间接作用

贸易往来除了直接减贫外，也能通过促进经济增长、改善收入分配等方式间接地起到减贫作用。

1. 贸易往来、经济增长及减贫

古典经济增长理论解释了贸易自由化对经济增长的贡献，亚当·斯密认为在国家或地区间的商品交易中，一方具有劳动生产率或生产成本上的绝对优势，这种优势的存在形成了国家或地区间进行商品贸易的先决条件，也促进了商品在国家或地区间的流转交易。正因为绝对优势的客观存在，交易一方在商

品生产时就应厘清本国产品的绝对优势以及绝对劣势所在，并在生产时选取具有绝对优势的产品，与贸易伙伴国处于绝对优势的产品进行交换，各国以此实现了资源利用效用的最大化，国际分工也在此过程中形成，各个国家都能找到自身在全球经济中的地位。随着全球经济和社会的不断发展，更符合当时经济特征的新的贸易理论出现了，有研究者提出了规模经济贸易理论，这种理论不同于传统贸易中规模收益不变的条件来解释产业内的贸易特征，规模经济递增为国际贸易提供了基础，公司会专门优先生产并出口具有规模经济的产品，产品的规模化生产有利于企业降低成本，出口量随之增加，有益于本国经济实现更大的增长。对于发展中国家而言，贸易自由化后的要素市场将成为影响收入的一个重要机制，对解决就业和提高工资影响深远。发展中国家的非熟练劳动力占贫困人群的主要组成部分，根据要素禀赋理论可以推知，出口劳动密集型产品将提高低收入劳动力群体的就业水平、工资水平，贫困状况也将由此得到改善。

"一带一路"倡议与实践已被证明是促进区域贸易往来的重要平台，通过改善相关国家交通运行效率，增加了其贸易与投资规模。世界银行的研究报告也指出，"一带一路"走廊沿线经济体的贸易将增长 2.8%～9.7%，世界贸易也因此受益，增长 1.7%～6.2%（根据世界银行更新到 2019 年的数据）。

有关贸易与贫困间关系的讨论一直存在争议，通常认为贸易自由带来的经济增长可以通过"涓滴"效应惠及贫困人口，帮助落后地区贫困人口增长收入。"涓滴"效应理论假设了一国的人口和收入分配是不变的，在此假设下，一国的经济增长会促进各行业经济活动的繁荣，由此创造更多的就业岗位，解决了贫困人口的就业问题。与此同时，经济增长促使人均收入增加，贫困人口的可支配收入提高，可以用于更多的消费和服务需求，贫困现象随之缩减。"涓滴"效应理论的一个重点是，其强调在经济发展的过程中，不用特别给予贫困人口额外的政府救济，而是应当关注支持那些优先发展起来的群体或地区，而后发展起来的群体和地区通过消费等方式将经济增长的红利自发地惠及贫困群体或地区，简单概括起来，就是"先富带动后富"。"涓滴"效应突出市场的自发运行机制，而这种机制并不是时刻有效的，特别是其达成减贫目的需要走很长的路。因此，很多学者指出政府调控作用的重要性，发挥政府这支"有形的手"的引导作用，通过落实相应的扶贫政策来帮扶贫困人口，定向提高低收入群体的收入增长率，以此实现全社会均能平等分享社会主义经济果实的最终目标。有研究者认为贸易与贫困之间的关系不能简单地一概而论，需要分短期、长期以及静态、动态视角来综合分析。还有研究者认为，贸易自由化提高了资源配置效率，通过推动经济发展，提高了非熟练劳动力的工资水平从而减少贫困。

2. 贸易往来、收入分配及减贫

贸易自由化带来的经济增长尽管通过"涓滴"效应惠及贫困人口，但有学者认为贸易自由化不能避免贫富差距的持续扩大，而财富分化的加剧容易产生收入分配的"马太效应"[①]，因此仍然需要政府的合理干预，通过转移支付等手段提高低收入人群的收入份额。也有学者认为贸易自由化伴随着技术变革，对熟练劳动力更加有益，而对大多数非熟练劳动力或者相对贫困群体来说，影响并不明显。[②]

(1)政府干预调节收入分配

放宽贸易条件、减少贸易保护，是自由贸易化的一大特征，其强调以"市场为主导"，更多地依据经济规律去进行自发调节和分配活动，但这并不意味着摒弃政府政策工具的介入。在现实的经济运行中，地方政府往往出于对本地经济发展的考虑，出台特定政策措施来保护一些幼稚产业，扶持本地中小企业的发展，这对于企业发展初期的存活至关重要，此举也通过企业

①　"马太效应"是指某个人或群体的积累优势会在特定条件下爆发。通常在资本积累以及社会地位提升到一定层次时，更有助于个人或者某群体获得更多的资源和机会，由此积累更多的财富，这将导致"富人越富，穷人越穷"的两极分化现象。当收入差距扩大时，说明低收入人群获取社会资源的空间被进一步挤压，此时收入分配调控对于社会公平变得更加重要，而政府干预和贸易自由带来的产品价格变化可以实现这一目标。

②　D. Acemoglu, "Patterns of Skill Premia", *Review of Economic Studies*, 2003(69), pp. 781-809.

经营对地区收入分配产生了重大影响。当然,贸易自由化的诸多条款的确会降低政府对一些幼稚产业和特殊行业的保护力度,最终影响政府对收入分配调节的功能。在市场经济和贸易自由化的环境里,政府的工作方向可能更倾向于关注如何更多地保障收入分配的公平,强化政府的调节功能。

政府干预有多种政策选择,如扶贫贷款、低保政策、对特殊行业(如农业)的补贴等转移支付手段。通过转移支付提高公共社会支出,完善贫困地区基础设施建设、提升基础教育普及率,都可以有效改善贫困人口的生活质量,以及对教育医疗服务资源的可获取性,实现减贫的目标。政府支出对提高贫困人口收入的机制可以用"希克斯-汉森"模型(IS-LM)来解释,当政府公共支出增加并实施扩张性财政政策时,会引发 IS 曲线右移,新的均衡点将提高国民的收入水平,尤其对低收入人群收入份额的提高作用明显,以此减缓贫困现象的发生。

(2)价格水平影响收入分配

由经典斯托尔帕-萨缪尔森理论可知,贸易自由化将导致一国具有比较优势的商品的价格在交易过程中被提高,生产该商品所密集使用的丰裕要素实际收入也会相应增加。相对应地,一国具有比较劣势的商品的价格则会在贸易自由化的过程中出现下降,也就导致生产该商品密集使用的要素价格出现下降。生产要素价格的变化将直接影响要素所有者的收入,收入差距由此产生，并将在长期的贸易自由化过程中产生调节收入分配的效果。对于发展中国家而言，如果发展中国家的丰裕要素是非熟练劳动力，那么贫困人群（非熟练劳动力占比大）最有可能从贸易中获益。由此，发展中国家的贸易改革应该是亲贫的，可以借助自身比较优势的大量出口劳动密集型产品，以此缓解本国的贫困现状。

假设进行商品贸易的两个国家 A 和 B，其要素禀赋并不相同，发达国家 A 主要生产技术或资本密集型的产品，发展中国家 B 则主要生产以劳动密集型的产品为主。根据斯托尔帕-萨缪尔森定理，在两国进行交易时，贸易自由化会提高一国具有比较优势的商品的价格。对于资本和技术密集型的国家 A 而言，技术密集型产品的相对价格也将出现上涨，投入要素的相对价格也将会上涨；同样地，对于发展中国家 B 而言，劳动密集型产品的相对价格也将得到提高，投入要素的相对价格也将会上涨，而 B 国生产商品所投入的要素大都是劳动力，由此，贸易自由化促进 B 国劳动密集型产品出口的扩大，大量剩余劳动力得以吸收，农村劳动力将加快向城市转移的速度，贫困群体的就业水平以及工资水平得以提高，最终减缓了贫困现象的出现。有研究者基于 51 个发展中国家 1996—2016 年的面板数据，构建了计量模型，评估了多边贸易自由化对发展中国家贫困的影响，模型关系式为：

$$Log(POVHC)_{it} = \beta_0 + \beta_1 Log(POVHC)_{it-1} + \beta_2 MTP_{it} +$$
$$\beta_3 DTP_{it} + \beta_4 Log(GDPC)_{it} +$$
$$\beta_5 INFL_{it} + \beta_6 EDU_{it} + \beta_7 FINDEV_{it} +$$
$$\beta_8 INST_{it} + \beta_9 Trend + \gamma_i + \varepsilon_{it}$$

其中，$POVHC$ 表示贫困水平，用贫困人口占比表示，MTP 和 DTP 分别表示多边贸易自由化和国内贸易自由化指数，$GDPC$ 表示真实人均收入，$INFL$ 表示通常率，EDU 表示人力资本累积，用各阶段教育入学率表征，$FINDEV$ 表示金融发展水平，用国内私营部门信贷占 GDP 比重衡量，$INST$ 指代政府治理水平。[①]

模型采用系统广义矩估计(GMM)进行估计，回归结果显示，多边贸易自由化与发展中国家的贫困率有显著负相关关系，因此建议更广泛的多边贸易合作，以惠及发展中国家的贫困人口。

四、金融合作与减贫

金融合作对减贫的效应分为直接作用和间接作用。直接作用主要通过提供信贷、保险、债券、基金、扶贫专项资金等服

---

① S. K. Gnangnon, "Does Multilateral Trade Liberalization Help Reduce Poverty in Developing Countries?" *Oxford Development Studies*，2019(4)，pp. 435-451.

务来实现减贫，间接作用主要是通过促进经济增长和改善收入分配结构实现减贫（详见图 4-4）。

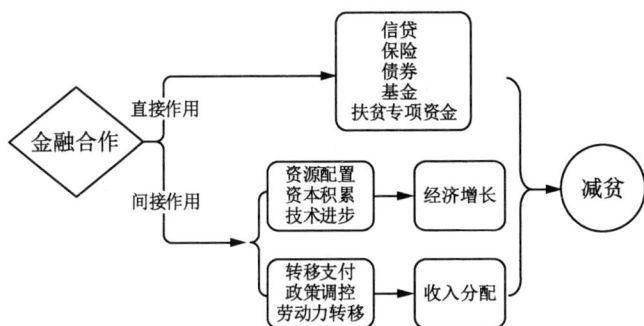

图 4-4 金融合作的减贫机制

（一）金融合作对于减贫的直接作用

不同金融服务方式具有不同的特征，储蓄、信贷、保险、投融资等服务，通过提高贫困群体可得性和参与度，针对贫困群体的金融需求，提供多样化服务，进行金融服务及产品创新，可以实现金融发展，并在减贫中发挥作用。

1. 储蓄服务

储蓄服务能增强贫困群体资金的安全性，获得一定的利息收入，实现平滑化的消费，增强应对及处理不确定性负面事件的能力，合理抵御可能的风险，可以增强贫困群体生存及发展的能力。

2. 信贷服务

信贷是金融服务基本而重要的服务构成，通过为贫困群体提供资金支持，可以增强贫困者获得原材料、厂房、设备、技术及人力资源等生产资料投资的机会，满足其投资和生存需要，生产效率和生产能力的提高在一定程度上可以实现收入增长，进而增加用于教育和技术的支出，增强收入可持续获得及自身可持续发展的潜力，推动人力资本的形成和减贫的实现。

3. 保险服务

保险服务具有保障和分散风险的功能，贫困人口生活的生态环境较为恶劣和脆弱，易发地震、火灾、台风、海啸或滑坡泥石流等灾害，以及大型项目建设环境破坏等人为风险。当突发事件或风险发生时，保险可以有效降低生产及生活中不确定性事件的负面影响，分摊风险造成的损失，补偿人身危害，提高贫困人群寻求外界帮助的能力，增强其对突发事件、不确定性事件的应对及抵御能力。

4. 企业融资服务

企业提供融资服务对减贫的作用方式是通过为企业提供资金支持，鼓励扩大生产和规模后，增加对劳动力资源的需求，丰富贫困者就业机会和就业选择，提高收入水平与获得收入的能力，改善生活条件，实现减贫。

此外，通过发行特色基金、债券以及新型的金融产品，为贫困地区的发展募集资金，加快基础设施建设与发展经济的同时，亦可促进用工需求的增长和贫困人群就业，逐步实现减贫。

自 2005 年"普惠金融"这一概念被提出后，便受到国际各界的广泛关注，通常认为普惠金融的发展能帮助贫困人口通过获得金融服务而摆脱贫困。"一带一路"倡议为相关发展中国家拓展普惠金融、促进交流合作提供了国际化平台，为打造共同繁荣发展的"命运共同体"提供了机遇。①

关于金融发展与减贫之间关系的研究也存在争议，有研究者对 26 个低收入国家的面板数据进行回归分析，发现金融发展对减贫具有重要的积极作用，金融发展水平每提高 1%，可以使人均收入提高 0.4%。② 有研究者研究亚洲发展中国家的普惠金融发展与贫困之间的关系，发现普惠金融的发展对降低贫困发生率有效，且这种关系具有稳定性。③ 然而，有关专家指出，低收入人群的违约风险较高，由此难以获得金融产品和服务，难以产生减贫作用。另有学者对两者间关系持不确定的看法，认为两者关系随着观测周期变动以及对金融发展水平指标选取的差异而变化。④

---

① 宗民：《"一带一路"沿线国家的普惠金融发展：模式与经验》，载《西南金融》，2019 年第 10 期。

② H. Jalilian & C. Kirkpatrick, "Financial Development and Poverty Reduction in Developing Countries", *International Journal of Finance & Economics*, 2002(2), pp. 97-108.

③ C. Y. Park, R. J. R. Mercado, "Financial Inclusion, Poverty, and Income Inequality", *Singapore Economic Review*, 2018(1), pp. 185-206.

④ N. M. Odhiambo, "Financial Deepening and Poverty Reduction in Zambia: an Empirical Investigation", *International Journal of Social Economics*, 2009(1), pp. 41-53.

　　李梦雨构造了一个普惠金融指数 IFI（*Inclusive Financial Index*），然后基于"一带一路"共建国家的跨国数据构建空间计量模型，研究了普惠金融对经济增长和减缓贫困的影响，模型如下：

$$Growth = \alpha_0 + \lambda W \times Growth + \alpha_1 IFI + \alpha_2 W \times IFI + \alpha_3 IFI \times Trade + \beta Ctrls + \varepsilon$$ [①]

　　其中，λ 为空间自回归系数，测量空间滞后项对"一带一路"相关国家经济增长的影响，*Ctrls* 代表 7 个解释变量，包括人均 GDP、反映人力资本的高等教育入学率、居民消费价格指数、政府一般消费占 GDP 比重、进出口额占 GDP 比重、平均总生育率以及反映民主程度的个人享有政治权利，*IFI* 与 *Trade* 的交叉项反映普惠金融通过国际贸易对经济增长的作用，$W \times IFI$ 表示来自邻国的普惠金融发展程度对本国经济增长的影响。回归结果显示，普惠金融对经济增长具有显著正相关性，且具有空间溢出效应，即"一带一路"共建国家中一国的金融发展也有助于邻国的经济增长。其中，普惠金融的可获得性相比其渗透性和效用性，更能够促进经济增长，提高贫困人口的整体收入水平。

---

　　① 李梦雨：《普惠金融对"一带一路"沿线国家经济增长的影响——基于空间计量模型的实证研究》，载《当代经济管理》，2019 年第 5 期。

(二)金融合作对于减贫的间接作用

金融发展通过促进资本积累和技术进步实现了经济增长，社会总产出的增加为减贫提供了重要的物质基础，具体通过"涓滴"效应、创造就业机会、财政支出效应等途径实现减贫目标。此外，金融发展也能通过影响经济增长、劳动力转移和人力资本积累对收入分配产生影响，进而促进减贫目标的实现。

1. 金融合作、经济增长与减贫

资本积累和技术进步是促进经济增长、发展金融的主要渠道。将金融的作用对象具体细化，同时配合其资源配置和技术进步的功能，是金融发展的趋势。

第一，金融推动经济发展的基础是金融资本和发展规模，"巧妇难为无米之炊"，需要在长时间里，不断加快金融资本的形成和扩大发展规模，推动金融深化和经济的高效增长。

第二，投资、消费和出口是拉动经济增长的主要力量。具体表现在金融发展能有效引导资源配置，改善其配置结构及利用效率，为经济活动提供信贷及融资支持，增加项目投资的同时，推进产业结构优化升级进程，推动经济实现健康增长。

第三，经济增长理论认为国家的技术发展水平，即技术进步，是经济发展的核心影响因素。一般而言，项目的技术要求与研发资金的投入和支持程度成正比，试点项目的技术突破可

以引导相关行业的发展，为全社会的技术开发提供支持，从而产生巨大的经济社会价值。为高精尖项目提供专业的、充足的资金支持，在技术进步、行业发展和经济增长新动能培育中起到更加重要的作用，可以实现经济的可持续性增长。

第四，在经济金融发展过程中，政府和制度因素起到了干预作用，是实现经济增长的重要传导路径。政府可以通过制定适宜金融发展的政策制度，对市场进行规范和监管等方式，对金融市场进行适当的干预，推动绿色金融健康良性发展，预防不完全竞争市场理论中提到的由于各种问题对经济发展产生不利影响的情况。例如，由于金融市场不完善、信息不对称及外部性等问题，金融市场对资源配置的能力受到抑制，资金使用效率降低，发生市场失灵等不利情况。

经济增长为社会创造了更多的财富，社会总产出的增加为减贫提供了重要的物质基础，具体通过"涓滴"效应、创造就业机会、财政支出效应等途径实现减贫目标。

"涓滴"效应（或称"渗漏"效应）。在社会整体物质水平提高和经济增长的同时，通过"涓滴"效应将社会财富向低收入群体渗透，增加其收入，改善其社会福利，进而促进减贫。

创造就业机会。金融项目的开展促进社会生产需求，经济增长创造更多就业机会，贫困人口就业率的增加将提高其收入水平，并通过教育培训等方式逐渐提高其技能水平，有利于减贫和增强可持续性发展。

财政支出效应。经济增长带来政府税收的增加，继而增加财政收入，为财政支出扩大提供了有力支撑。财政支出主要包括政府购买性支出和转移支付两个方面。政府购买性支出主要用于公共基础设施、公共事务及公共产品等公共物品的建设和投资，通过购买性支出的增加，可以有效推动公共物品建设和投资增加，并且公共物品的正外部性能让更多的贫困人口获益，提高生活质量。政府转移支付主要指政府救济金、失业补助及社会保障等方面的支出，通过政府转移支付的增加将使贫困群众直接获益，从而改善其生活水平，推动减贫。

综上所述，增加贫困群体的收入，提高社会保障和福利水平，是推动减贫的一个主要途径。贫困群体收入的增加可以在政策制度的保障下，以推动资金形成、资源配置及技术进步等细节为主要手段，通过"涓滴"效应、创造就业机会和财政支出效应等，在促进经济增长的同时逐步实现。

2. 金融合作、收入分配与减贫

效率和公平是金融作用的主要体现形式，金融的发展不仅能影响经济发展，还能影响收入分配。通过影响收入分配来影响减贫，即通过收入分配传导可以实现金融减贫。经济增长、劳动力转移及人力资本积累是金融对收入分配产生影响的三种主要途径。

第一，经济增长。金融的发展推动经济的发展，经济的发展带来经济增长，经济增长实现物质水平的提高，物质水平的提高通过影响就业或再分配的方式影响贫富收入水平，继而影响收入分配，即金融发展通过促进经济增长间接影响收入分配。

第二，劳动力转移。以政府政策的支持和引导，调整资金配置，推动重点产业发展，如绿色环保等相关产业的发展。产业的繁荣发展需要劳动力的支持，增加的就业岗位为劳动力转移提供方向，进而改变贫困者的收入构成，提高其收入水平，从而影响收入分配。

第三，人力资本积累。人力资本积累通过提升贫困者自身可持续发展的能力或潜力，增加获得更高收入的可能性，对收入分配产生影响。例如，发行相关基金或债券为贫困地区提供资金支持，提高贫困人口综合能力，促进其人力资本积累，改善收入分配。

五、教育合作与减贫

基于"一带一路"倡议可以明晰，教育合作寻求"文化软实力"不是文化征服工具的锻造，而是增强文化自信以求对等；合作产生的文明冲突不是文明优劣的博弈，而是化解冲突以求平衡。新时代背景下"一带一路"倡议下的教育合作是在国际发展与合作中化解冲突、寻求文明平衡的重要途径和有利因素。国际教育援助是国际组织和富裕先进国家对贫穷落后国家和地区的援助，以帮助这些国家和地区改善生产、经济、卫生、教育和公共福利。它是以外援、技术援助、发展援助和国家发展教育等名义进行的人力、物力和财力以及技术上的援助和支持。① 国际环境日新月异，援助的内涵亦受其影响而随之演变，教育援助模式由单向的简单输出转向双向的互动共建。

对外教育合作是在"一带一路"倡议下推进"人类命运共同体"的重要人文基础。中国对外教育合作的提出与实践的立意及其主要政策取向是以建设人类命运共同体理念、增强教育援助力度、深化教育全球化实践以及发挥教育外交力量为目标的。为了强化人类命运共同体意识，强调和传播共同、共识、共商、共建、共享、共赢、共生共荣、利益共同体、命运共同体、责任共同体等共建共享理念。由此足见中国关于合作共建"一带一路"的诚心和意愿，这就是要把中国的发展与沿线国家的发展相对接，实现共同建设、共同发展、共同进步。②

---

① 徐辉：《战后国际教育援助的影响、问题及趋势》，载《外国教育研究》，2000 年第 1 期。

② 祁亚辉：《教育合作：巩固和拓展中国—东盟命运共同体的人文基础》，载《东南亚纵横》，2015 年第 10 期。

中国在"一带一路"平台下积极参与和相关国家的教育合作，对减缓自身与东道国的贫困都具有重要意义。贫困的表现可以分为收入贫困、文化贫困和知识贫困。知识贫困是一个地区收入贫困的根本性原因，不同于前面提到的四个方面合作的减贫机制，教育合作更多的是提供让人接受教育的机会和环境，以培养人才、提升人才技能为目标，以此形成减贫的内生、自主动力。从减贫效果的表现来看，教育合作更具有长期效益，提升教育水平将是帮助一个国家或者地区摆脱贫困，走向强大的根本途径。教育合作的减贫机制可由图4-5概括。

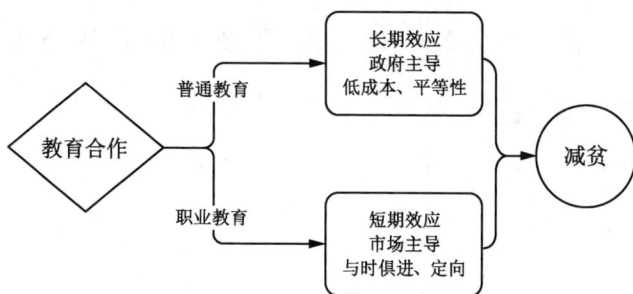

图4-5　教育合作的减贫机制

（一）教育合作推动减贫的方式

教育部于2016年出台了《推进共建"一带一路"教育行动》，提出要实施"丝绸之路"教育援助计划。发挥教育援助在"一带一路"教育共同行动中的重要作用，逐步加大教育援助力度，重点投资于人、援助于人、惠及于人。与传统教育援助不同，"一带一路"框架下的教育合作以一个宏大的教育援助格局为基础，在政府、社会等多主体参与下由传统"输血"模式转向"造血"模式，实现共同发展。新时代中国对外教育合作在"一带一路"倡议下具备了两个特征：一是整合了区域教育资源，在政府和社会多主体参与下，统筹国家、民间多方教育资源，强调教育合作中的双向互动机制，实现教育自主发展；二是强调要丰富教育合作内容与方式，从建立模式到人才培养，从基础教育到高等教育，从普通教育到职业教育，充分发挥教育合作对落后国家和地区的经济促进和减贫作用。

在普通教育方面，联合国统计数据显示，全球超过 1 亿儿童没有机会接受普通基础教育，有约 8 亿成人不识字。联合国教科文组织于 2016 年发布的全球教育监测报告显示，2015 年有 2.64 亿的中小学儿童和青少年失学。构建人类命运共同体离不开普通基础教育在贫困地区的普及，因此中国积极开展普通基础教育在贫困地区的普及援助与合作活动。2006 年在北京举办的中非合作论坛北京峰会上，中国承诺帮助非洲国家建设 100 所小学，在 2009 年便已超额完成，且为部分学校提供了丰富的教学设备。随后在 2009 年中非合作论坛上，"沙姆莎伊赫行动计划"达成，中国再援助非洲建设 50 所学校，并在 2012 年超额完成，同时中国还为这些学校培养了大量教师。

在职业教育方面，来自世界银行的研究报告指出，帮助贫困人口参与各类市场经济活动并提供给他们提高自身技能的培训、医疗卫生服务等是减贫的一大重点，这些措施将为他们创造摆脱贫困的根本条件。有学者认为，尽管职业教育在整个教育体系中不占主导地位，但对于贫困群体来讲，职业教育为他们提供劳动技能培训的机会，在一定程度上起到了定向减贫的效果，成为减贫事业的重要组成部分。职业教育援助是为贫困国家和发展中国家青年提供就业机会和生存技能的重要方式。联合国教科文组织的统计数据显示，非洲撒哈拉以南地区的青年失业率超过 15％，更有 25％的贫困地区青年难以完整地阅读一句话。为实现构建人类命运共同体的目标，职业教育援助已成为中国对外交流合作的一项重要措施，帮助弱势群体接受基本知识技能的培训，给他们提供了一条摆脱贫困的道路。2015 年，习近平在联合国发展峰会上提出为发展中国家提供 100 所学校和职业培训中心，培养 50 万名职业技术人员，为提高贫困女童入学率推行 100 个"快乐校园工程"。[①] 中国企业也积极参与职业教育援助的宏大计划，如在赞比亚，中国有色矿业集团建立了大型海外职业教育基地，在仪表工多个技术工种上培训了 1.2 万名当地人员，以帮助他们获得稳定的工作，提高他们的收入。

---

① 陈莹：《人类命运共同体视域下中国国际教育援助》，载《暨南学报》（哲学社会科学版），2019 年第 11 期。

（二）教育合作推动减贫的机制

从微观视角看，农村劳动力价格低廉是导致其贫困的直接原因，教育水平的提高可以提升农民的知识和技能水平，因此给予农户更多的教育资源，有助于减贫。但是教育资源的获取也需要成本，对于贫困人口来说，教育是一项有风险的投资活动，所以落后地区也常常出现"教育致贫"的现象。为了获得更好的教育资源，原本不富裕的家庭增加教育开支，使拮据的生活雪上加霜。因此，从宏观角度来看，普通基础教育的普及需要政府增加公共开支，保障落后地区也能获得较好的教育资源。政府的公共支出在一定程度上可以促进地区经济的发展，并进一步提高贫困人群的收入，减少贫困现象的发生。加大教育领域的财政投入，将优化教育资源配置的公平性，也有助于解决落后地区儿童上学难的问题。林毅夫认为，在诸多扶贫手段中，教育扶贫是最根本的途径。因此，要鼓励政府提高对落后地区的教育财政支出，具体包括普通教育和职业教育两种方式。普通教育与职业教育在发挥减贫作用上存在差异，具有互补性，合理利用两种教育措施，可以在多个层面对减贫起到推动效应。

普通教育减贫机制。首先，普通教育对解决农村贫困以及贫困代际传递问题具有长期效果，处于普通教育阶段的贫困学生是其扶持的主要对象，普通教育的学习时间长，因此接受普通教育扶贫的学生无法在短期内为家庭带来收益。但是短期的金钱收益不能衡量普通教育产生的效益，一方面，更好的受教育程度会对下一代产生积极影响，使得普通教育的普及有利于解决"穷人越穷"的"贫困继承"现象；另一方面，接受更高教育的群体在社会中的生存能力更强，能够通过人力资本的积累，为整个社会创造更多的财富，以此促进贫困问题的解决。其次，政府在普通教育扶贫中可以发挥主导作用，由于普通基础教育的公共服务属性，且接受教育的人群为无经济能力的全日制学生，项目的经济收益低，需要依靠政府财政支出，来保障基础教育的普及和质量。目前，我国已经实现九年义务教育，全面覆盖了初中以下基础教育阶段，由政府教育财政资金保障农村家庭获得平等的受教育权利。最后，普通教育的目标是让所有儿童获得平等的受教育机会，而现实矛盾是贫困地区人口的教育需求因为其低收入和当前较高的教育投入而难以满足。因此普通教育的普及需要降低教育成本，减轻农村贫困家庭的经济负担，同时为贫困家庭提供一定的物质援助和经济援助，让儿童不再因贫困而辍学。

职业教育减贫机制。首先，相对于普通教育的长期减贫效应，职业教育扶贫更有利于解决短期贫困，且扶贫覆盖面更广。职业教育扶贫的扶持对象范围既包括未成年的在校学生，又包括需要提升技能水平的农村劳动力。职业教育中的贫困人口占比相对于普通教育而言更高，使其具有更广泛的减贫效果。其次，相对于普通教育的公共服务属性及政府的主导作用，职业教育需要更好地发挥市场的作用。一方面，职业教育的培训周期短，这样就能使贫困人口在接受培训后在短期内获得收入，以解燃眉之急。另一方面，通过校企合作、工学结合等方式，为受教育者提供更有效的实践机会，帮助学生更迅速地掌握生产技能，也降低了学生接受职业教育培训的机会成本，能够满足更多贫困人口的需求和现实考虑。最后，职业教育扶贫的目标是提高受教育人群获取收入的能力，因此其专业设置和培训内容更加贴合现实市场的需求，这为知识储备不高的低技能劳动群体提供了有效脱贫机会，同时也为他们进入更高的社会阶层提供了途径。

2016 年美国国际教育学会发布的相关数据显示，中国已成为继美国和英国之后的全球第三大留学目的国，"一带一路"共建国家更是成为来华留学教育的重要增长点，教育投入与国际合作对减贫的积极作用已得到学者的证实。谷媛媛等以"一带一路"相关的 46 个国家为样本，分析了来华留学生政策对生源国贫困的影响，所构建的模型如下：

$$PHR_{it} = a_1 + a_2 \, Ln \, Talent_{it-j} + \sigma^T \sum X_{it} + \varphi_i + \gamma_i + \zeta_{it}$$

$$PG_{it} = \beta_1 + \beta_2 \, Ln \, Talent_{it-j} + \tau^T \sum X_{it} + \varphi_i + \gamma_i + \mu_{it}$$

其中，PHR 和 PG 分别表示贫困人口比例和贫困差距，核

心解释变量 *Talent* 为"一带一路"共建国家来华留学生总规模，包括学历留学生（专科生、本科生、硕士研究生和博士研究生）和非学历留学生（访问学生、高级访问学生、语言访问学生和短期留学生），X 代表控制变量，φ 和 γ 分别表示个体效应和时间效应。

　　结果显示，来华留学人才培养规模对生源国存在人力资本累积效应，并有益于其吸引外商投资以及产生技术溢出效应，从而对生源国产生显著的减贫效应，测算结果表明来华留学生每增加 1％，可帮助生源国贫困人口比例降低 0.02，贫困差距缩小 0.005，而且这种减贫效应在中低收入国家和贫富差距较小的国家更为显著。因此，建议中国借助"一带一路"平台，更好地发挥"中国政府奖学金"等留学生优惠政策的精准性，推动中国同相关国家的跨国教育合作，发挥教育减贫的巨大潜力。[1]

---

① 谷媛媛、邱斌：《中国留学教育能否减少生源国人口贫困——基于"一带一路"沿线国家的实证研究》，载《教育研究》，2019 年第 11 期。

第五章 | "一带一路"建设与减贫的
案例研究

　　"一带一路"共建国家中，有许多国家的贫困问题依然突出，因此减贫需求强烈。中国与这些国家在基础设施建设、产能合作、工业园区建设、农业合作等方面进行了广泛合作，做出了积极的减贫努力，也取得了良好效果。本章以中老铁路、柬埔寨的西哈努克港经济特区建设、中国和埃塞俄比亚的农业合作为案例，分析和认识这些国家的贫困现状及特征，具有代表性的"一带一路"项目或合作在此取得的效果，从而对"一带一路"项目的减贫做出综合评价。

一、中老铁路的减贫影响

中老铁路建设项目是共建"一带一路"的重要项目之一，也是进一步促进中国—东盟经济发展的重要基础设施项目，亦是加快中国—中南半岛经济走廊建设的骨干建设项目。因此，研究这一项目对于老挝的减贫影响具有重要意义。

（一）老挝的贫困现状

老挝是世界上贫困问题最为严重的国家之一，其贫困状况受到联合国的关注。2016年6月，老挝政府制定的"国民经济社会发展的第八个五年计划（2016—2020）"的目标之一就是消除绝对贫困，力争到2020年摆脱最不发达国家的状况。

在国内外的积极努力下，老挝的贫困状况正在发生好转，贫困人口及贫困家庭、贫困村和贫困县的数量都在逐年减少。得益于农产品出售和赴国外务工人员收入增长以及国内就业岗位增加，2019年老挝贫困率为18.3％，较2013年的24.6％下降了6.3％（1993年贫困率为46％）。然而，这意味着近1/5的老挝人的收入仍低于2019年每天9364基普（1美元）的国家贫困线。老挝"八五"计划报告显示，受新冠肺炎疫情冲击，2020年老挝的贫困人口将增加 1.4%～3.1%。

贫困问题是老挝发展路上的顽疾。2019 年，老挝的国内生产总值仅为 181.7 亿美元，经济规模及发展水平远落后于世界其他国家。老挝现被联合国认定为世界上最不发达国家之一，国内存在着基数较大的贫困人口。依据老挝国家贫困线的衡量标准，贫困人口比例占国家总人口数的 23.4%；依据国际公认的贫困线划定标准，其国内贫困人口占国家总人口数的 22.7%（根据世界银行更新到 2012 年的数据）。

(二)老挝的贫困特征

老挝的贫困特征可归纳为如下三个方面：一是贫困主体以农村为主，农村贫困人口比重大，生活状况差；二是区域发展不均衡导致的区域性贫困明显，北部贫困率高于中部和南部贫困率；三是同一区域内的阶层性贫困凸显，收入不平等现象严重，贫困家庭具有明显的结构性特征。[①]

第一，贫困主体以农村为主，农村贫困人口比重高，减贫难度大。老挝国家总体的贫困率从 2010 年的 28.6%下降到 2015 年的 9.59%，呈现出较大的下降趋势，并基本接近 8%的目标设定。老挝"八五"计划报告显示，2002 年以来，老挝的贫

---

① 郭静伟、朱秀春、方文：《"一带一路"背景下的老挝贫困问题与减贫政策论析》，载《开发研究》，2019 年第 3 期。

困率和贫困严重程度逐年下降,但是基尼系数却逐年增加,反映了绝对贫困水平下降的同时相对贫困水平却在上升。另外,农村贫困率的下降速度明显低于城市,贫困率高于城市,体现了农村减贫工作任重道远。

第二,北部贫困率高于中部和南部贫困率,区域不平衡明显。老挝不同区域和地方的经济发展水平不同,在区域和地方之间存在着差异。尽管在全国范围内减少了贫困,但北方地区仍然落后于其他地区。老挝山区的贫困人口多,低洼地区的贫困人口比例较小。受限于较差的山地条件、长期殖民混战的历史与地处边疆等原因,老挝北部一直较为贫困,老挝北部地区的 7 个省——丰沙里、琅南塔、乌多姆赛、波乔、琅勃拉邦、华潘、沙耶武里贫困率较高。2013—2019 年,除沙耶武里外,所有北部省份的贫困率也有所下降,其中波乔的绝对值下降幅度最大。

老挝中部区域包括万象市,以及万象、川圹、赛宋本、波里坎塞、甘蒙和沙湾拿吉 6 省,由于地势相对较为平坦,有高原和平缓的丘陵,相对而言贫困率基数不高。2013—2019 年,中部地区的贫困水平停滞不前,贫困人口比例略微下降。

老挝南部区域包括沙拉湾、占巴塞、阿速坡、公河 4 省。该区域贫困程度也具有明显的地方特色,地形狭长、民族多样伴随经济滞后,2013—2019 年,除阿速坡外,所有南部省份的贫困率均有所下降。总体而言，南方的贫困率从 2013 年的 29.9％下降到 2019 年的 17.7％，成为老挝减贫最具有成效的地区。

第三，随着贫困率降低，结构性贫困逐渐凸显。随着老挝贫困率在经济层面的整体降低，原本极端贫困的少数民族村寨发生了巨大的变化。普图族社会呈现出明显的社会分层，收入不平等现象严重，贫困家庭呈现明显的结构性特征。老挝少数族裔群体的贫困率仍然很高，而在受教育程度低的家庭中，贫困率下降得较慢。2019 年，在没有受过正规教育的人为户主的家庭中，贫困率为 34.6％，这比完成中等教育的人为户主的家庭高出 10 倍。

(三)中老铁路项目的基本情况

中国和老挝合作历史悠久，随着"一带一路"的推进，许多项目的落地生根得到了双边广大人民群众的广泛认可，取得了显著成效，发挥了积极作用，造福了双边人民。中老铁路的建设正是中老合作取得的显著成果，中老铁路推动了互联互通，促进了相关国家的共同发展。

老挝是内陆国，基础设施比较落后。在中老铁路动工之前，老挝仅有 3.5 千米的铁路，是由泰国政府投资 1.97 亿泰铢（折合人民币约 4147 万元）于 2008 年修建的。中老铁路是泛亚铁路中线的一个重要组成部分，北起中国云南省玉溪市，经普洱市、西双版纳、中老边境口岸磨憨、老挝边境城市磨丁、琅勃拉邦到达老挝首都万象，中国段称为玉磨铁路，老挝段称为磨万铁路，这两段合称为中老铁路。其中，中国段玉磨铁路正线全长508.53千米，老挝段磨万铁路全长418千米。

中老铁路项目总投资505.45亿人民币，设计速度为每小时160千米，为国铁Ⅰ级电气化普速的客货共线铁路，建设工期5年，2015年年底中老铁路举行开工奠基仪式，2016年12月全面开工建设，于2021年12月全面建成通车。老挝段的磨万铁路（磨丁—万象）运用中国铁路技术标准、中国设备和中国技术进行修建，磨万铁路投资约374亿元人民币。中老铁路竣工通车后，老挝成为东南亚首个拥有国际标准轨电气化铁路的国家，向实现"陆锁国变陆联国"的梦想迈出了关键一步。

（四）中老铁路项目的实地调研情况

笔者所在研究团队于2019年4月在万象对中铁二局承建的磨万铁路（磨丁—万象）第六标段进行了调研。磨万铁路共有六个标段，其中第六标段位于老挝万象省丰洪县和万象市境内，长度有65.7千米，合同工期为60个月，造价22.785亿元人民币，整个磨万铁路的造价约374亿元人民币。

从建设内容来看，第六标段的主要工程以桥梁、涵洞、路基和站场为主,全段路基长度约51.9千米,占比79%。其中建设的重点工程主要包括路基软基处理、楠科内河特大桥、宋普瓦桥、制梁厂等。由于老挝北部以山地为主,老挝境内80%为山地和高原,这为中老铁路的建设增加了难度。我们在调研过程中了解到中老铁路全线的隧道有90多座,隧道总长度约200千米,桥隧比约为61%(桥梁和隧道的长度总长占全线总长度的61%),由此可见中老铁路项目具有较大的施工难度。

从2019年的调研情况来看,磨万铁路在投资上约已完成了70%,工程量也基本上对等地完成了70%,全线推进较快的标段已完成80%的建设。因此从总体来看,中老铁路的建设进展还是比较顺利的,中老铁路在2021年年底的完工也证明了这一点。

在中老铁路第六标段的建设中,中铁二局中老铁路指挥部结合中老铁路的政治站位和自身特点,树立了"建精品工程,铸廉洁之路"的两大目标,2019年4月老挝最高领导本杨主席在视察过程中高度评价了该部作为"一带一路"的窗口示范工程。

此外,中铁二局在当地积极践行社会责任。2018年老挝南部阿速坡省的一个水电站发生溃堤,中铁二局成立了"阿速坡抢险救援突击队",率先在灾区完成了两座救援通道桥梁的建设。因此老挝政府签发总理令,授予了中铁二局"老挝国家发展勋章"。中铁二局还在阿速坡灾区招收了新的员工,为解决灾民的就业问题作出了贡献。此外,公司也对灾区以及一些学校学生进行了慰问和物资捐献。

(五)中老铁路项目减贫的综合评价

中老铁路作为一条跨越两国边境线的铁路，沿途经过中国和老挝的众多城市，这将沿线的城市串联了起来，带动了沿线城市经济的发展，从而产生了积极的减贫影响。

第一，中老铁路促进了老挝的城市化进程，带动了磨丁经济特区的发展。磨丁经济特区位于老挝北部的琅南塔省磨丁国际口岸，紧邻中国磨憨口岸，距勐腊县城 58 千米，总面积 34.3 平方千米，可自主开发建设面积 16.4 平方千米。磨丁经济特区是由老挝磨丁经济专区开发集团有限公司运营，由中国云南海诚实业集团股份有限公司注资的一个老挝国家级经济特区，隶属老挝中央政府领导。[1] 磨丁经济特区属于中国老挝磨憨—磨丁经济合作区的老挝部分，磨憨—磨丁合作区是中国与毗邻国家建立的第二个跨国经济合作区。[2]

作为中老边境重要的通关区域，磨丁经济特区是老挝通往中国的国家级陆路口岸城市，更是中国"21 世纪海上丝绸之路"

---

[1]　根据老挝国家政府 2009 年国家主席令颁布的第 075 号《促进投资法》以及老挝颁布的第 089 号总理令成立。

[2]　第一个是与哈萨克斯坦建立的中哈霍尔果斯国际边境合作中心。2006 年中哈两国共同设立中哈霍尔果斯国际边境合作中心，是我国与其他国家建立的首个跨境边境合作区，总面积 5.28 平方千米，其中中方区域 3.43 平方千米，哈方区域 1.85 平方千米。

的关键节点，也是中老铁路——中国进入老挝的首站，是中老泰三国陆路货物运输、跨境旅游的中转站和集散地。磨丁在中国与老挝两国间具有十分明显的区位优势，也有一定的交通基础，以及巨大的基础设施建设潜力。在区位上，磨丁是老挝和中国之间唯一的国家级一类陆路口岸，扼守中老泰经济走廊的交通节点，是昆曼国际大通道、泛亚国际铁路中国进入东南亚的首站。中老铁路的开通以及磨丁目前在建还有老挝国内的磨万高速、磨会高速等成为磨丁承接中老泰区域贸易合作的陆路交通枢纽，进一步带动了磨丁新区的发展、带动了老挝的城市化进程。事实上，磨丁经济特区自动工以来，先后有 100 多家中国企业相继落地发展，带动了当地的就业。预计通过未来 5～10 年的发展，磨丁经济特区将建成一个 30 万人口规模的、中老边境地区最有活力的节点城市，也将成为这片区域"一带一路"产能合作的中心地带。

第二，中老铁路开辟了老挝对外贸易的便利通道。老挝是整个中南半岛唯一的内陆国，老挝的东南西北分别被中国、柬埔寨、越南、缅甸和泰国等周边国家包围，基础设施建设落后、交通不便，这些都是其经济发展的制约因素。和周边国家相比，没有海运就失去了和中南半岛以外的大国进行经济贸易合作的机会，而只有公路和内河航运的交通运输条件又大大限制了老挝与周边国家进行经济贸易交往时的交通运输效率。久而久之，老挝的经济发展水平被周边国家远远抛开了。

中老铁路的建成，具有运输成本低、运输量大的特点，因而在货运运输方面发挥着至关重要的作用。中老铁路的开通使沿线城市整个区域的旅行时间得到了大幅度的压缩，跨境物流可达性显著提高，降低了老挝国内的物流运输成本。中老铁路是泛亚铁路网的重要组成部分，不仅可以向北延伸与中国境内的玉磨铁路并轨通行，还可以向南延伸与泰国的廊曼铁路直接并轨相连。这样一来，老挝的边境贸易将会获得极大的发展。能通过与中国获得经济贸易合作机会和大量直接投资的发展契机，又能通过南下泰国直接将产品低成本地运送到印度洋出海口，从而开辟自己的"海上贸易道路"。从2011年到2019年中老两国的GDP增速变化情况来看，随着中老两国双边贸易从2012年开始持续增加，中老边境贸易得到了快速发展。

第三，中老铁路促进了铁路沿线地区的经济发展。中老铁路的老挝段将老挝南部的孟赛、琅勃拉邦等城市连接起来，最后在老挝首都万象终止。这条线路贯穿老挝北部，直接贯通了琅南塔、乌多姆塞、琅勃拉邦、万象省和万象市。根据老挝政府公布的统计数据，中老铁路沿线的总人口达220万人，人口密度达到32.5人/平方千米的水平。这条铁路建成后，沿线居民赖以生存的城市土地价值也会随之增加，惠及沿线老百姓，助力他们早日脱贫致富。

中老铁路连接的城市成了老挝国内经济发展的基点，中老铁路成了将各个点串联起来的经济发展大动脉。有学者指出，按照当前的建设规划，中老铁路的建设将会带动中老铁路经济带的空间格局的彻底转变，使中老铁路经济带呈现"一轴三心多带"的空间布局，以中老铁路为依托，以沿线城市磨丁、琅勃拉邦和万象为增长点，沿铁路线辐射周边区域形成经济距离适当、功能互补、较有发展前途的若干次级发展区域，从而引领老挝中北部地区实现经济的快速增长。

第四，中老铁路带动了老挝第二产业和第三产业的发展。从老挝的经济发展结构来看，农业经济曾长期在老挝的社会经济发展中发挥着非常重要的作用。但是，老挝社会经济发展结构严重不平衡。农业经济的发展不但没有将老挝发展成农业强国，而且拖慢了老挝的经济发展脚步，导致老挝的社会资源配置长期不合理，工业基础极为薄弱，经济发展的低水平使其无法有效推动社会经济的繁荣发展。

中老铁路的建设，恰恰成为老挝打破传统发展模式进入均衡性发展的有利契机。中老铁路采用 BOT 模式（建设—经营—转让）进行融资，由中方和老方成立合资公司开发、管理和经营该铁路项目。在中老铁路的建设过程中，不仅需要中国企业的持续投入，还需要老挝当地群众、企业和社会各界的积极支持。

这些支持，不仅包括参与项目建设，还包括为项目的建设提供各种周到的帮助和服务。铁路建成后，中国从运营到转让过程中会带动中国先进技术、管理经验的转移。这样一来，中老铁路的项目建设本身就已经开始对老挝的第二、第三产业发展产生了积极的影响。由此，老挝可以对社会资源进行优化配置，促进本国经济的均衡发展。

第五，中老铁路建成后有助于改善老挝国内物价偏高的现状。由于老挝经济体量小，人口数量少，难以进行规模化的生产制造，大部分物资依靠进口，再加上技术工艺相对落后且交通运输不便，使其商品生产成本普遍较高，因此物价偏高。这一局面将随着铁路通车而发生改变，大量货物可以通过铁路运输到偏远地区，人民的生活水平也会因此得以提高。

第六，中老铁路体现出双方减贫合作的短板尚待补齐。中国与东盟各国在经济贸易上的成功合作为反贫困奠定了基础，反贫困合作进展顺利，但也有不尽如人意之处，需双方竭诚配合，补齐短板，具体表现在以下五个方面。

其一，在合作领域上。基础设施建设一直是中国对老挝投资的重点领域，但这样的合作领域由于存在诸多风险，如在一定程度上影响项目实施的社会环境，由环境问题和资源耗竭等引起的生态风险问题，中老铁路周边村寨的农村搬迁、补偿和农业合作问题等。这些问题一旦处理不好，极易为不友好势力援引而诟病，因而需要重视项目运作过程中的民意基础和减贫宣传。

其二，在合作项目上。中老铁路这样的大型基础设施项目强调长远利益，集中于政府层面的合作。诚然，这些项目对老挝经济社会发展意义重大。然而，缺少特定的减贫合作机制做指导，也就很难惠及当地民众，这就使得这些项目的短期社会效益较小，老挝当地民众直接获益有限。因此，除了基建和经贸领域，未来也需要加大对人文教育、医疗、资源等一些民生领域项目的投资。

其三，在资金投资上。主要依靠政府资金参与基础设施的建设，社会资本的参与度较低，因此应鼓励更多非政府组织、非营利组织以及私人企业等民间资本参与扶贫合作，调动各方力量助力。

其四，在合作过程中。各国在法律法规上的相异可能会导致合作中存在争议，因此双方需进一步对话协商，为反贫困战略合作签署相关的法律保障，并保证其落地。

其五，在对话机制上。双方应该着力增强政治互信，积极寻求对话机制妥善管控分歧，聚焦反贫困的共赢合作。另外，在扶贫合作理念、目标、章程、路径评价方式、监督、保障、扶贫宣传等方面还有待完善。

二、柬埔寨西哈努克港经济特区建设的减贫影响

西哈努克港经济特区作为中国和柬埔寨务实合作的样板，在"一带一路"倡议下获得了质的飞跃，吸引了更多投资者，也为柬埔寨人民创造了更多就业机会。因此，研究这一项目对于柬埔寨的减贫影响，具有重要意义。

（一）柬埔寨的贫困现状

柬埔寨的经济增长速度较为缓慢，国内贫困问题突出。作为世界上最不发达的国家之一，柬埔寨主要利用农业发展国民经济，并依靠工业、外资企业驱动经济增长，工业基础十分薄弱。但由于近年来柬埔寨积极吸引外资，其工业化和城市化水平有所改观。柬埔寨的经济脆弱指数已经由 2012 年的 50.5 下降到 2018 年的 34.8，发展前景较为乐观。世界银行相关数据显示，柬埔寨 1994—2015 年的 GDP 平均增长率为 7.6%。2016 年 7 月，柬埔寨从最不发达国家发展为中等偏下收入国家。2019 年，柬埔寨 GDP 增长率达 7.1%，其中工业增长 10.5%、服务增长 6.6%。柬埔寨举国之力发展经济，连续 8 年 GDP 增速超 7%，是近年来东盟地区 GDP 增长最快的国家之一。

柬埔寨的贫困发生率显著降低，但是其减贫形势依然不乐观。并且，柬埔寨的财政扩张直接导致了整体财政赤字的增加，抵消了生产力提高所带来的部分经济效益。2019年，柬埔寨财政赤字为15亿美元，占该年度总预算案的22.39%。按国家贫困线标准，柬埔寨贫困率为17.7%，其中农村地区的贫困率为20.8%（根据世界银行更新到2012年的数据）。

(二)柬埔寨的贫困特征

柬埔寨在历史上曾经历长期战乱，因此其基础设施建设滞后，发展的不平衡和贫富差距不断扩大、健康和卫生条件低下等问题依然严重，具体表现在以下三个方面。

第一，贫困主体以农村为主，区域发展失衡。柬埔寨的贫困主要集中在农村地区。2017年，77%的柬埔寨人口仍然生活在农村地区。2017年农业劳动力占劳动力总数的比例为26.7%，较2008年的73%有所下降。2017年，柬埔寨农村家庭的月可支配收入相当于其他城市地区家庭的71%，相当于金边家庭的57%。收入最高的20%家庭的人均月可支配收入大约是收入最低的20%家庭的10倍。柬埔寨2019—2020年社会经济调查显示，柬埔寨的国家贫困线是10,951瑞尔或相当于每人每天2.7美元（市场汇率）。在新的贫困线下，大约18%的人口被确定为贫困人口。贫困率因地区而异，贫困率最低的是金边(4.2%)，最高的是农村地区(22.8%)。

第二，贫困发生率高，贫困程度深。世界银行发布的《柬埔寨系统性国别诊断(SCD)报告》显示，柬埔寨 2014 年的贫困发生率为 13.5%，人类发展指数为 0.555，在全球 188 个国家和地区的人类发展指数排名中排列第 14 位。OPHI(Oxford Poverty & Human Development Initiative，牛津贫困和人类发展倡议)2017 年公布的全球多维贫困指数(Multidimensional Poverty Index)显示，柬埔寨 2014 年多维贫困指数为 0.146，在报告的 103 个国家中排名第 59 位，33%的贫困人口为多维贫困人口，贫困人口的平均被剥夺强度为 44.3%，且被剥夺强度在 50%以上(深度贫困)的贫困人口占贫困人口总数的 43%，贫困程度很深。[①]

第三，基础设施落后，减贫难度大。在经济发展过程中，

---

① 多维贫困指数(Multidimensional Poverty Index，MPI)是一种着眼于超越收入的指标，反映多维贫困发生率还能反映多维贫困发生的强度，同时还能反映个人或家庭的被剥夺量。2007 年 5 月由经济学家阿玛蒂亚·森发起，在牛津大学国际发展系创立了牛津贫困与人类发展中心，后来其中心主任 Alkire 建立了研究团队，致力于多维贫困的测量。Alkire(2007)认为，与能力方法相关的多维贫困测量能够提供更加准确的信息，便于识别人们的能力剥夺。随后，Alkire 和 Foster(2008)发表了《计数和多维贫困测量》工作论文，提出了多维贫困的识别、加总和分解方法。MPI 指数选取了三个维度测量贫困，总共包括 10 个维度指标。①健康：营养状况、儿童死亡率。②教育：儿童入学率、受教育程度。③生活水平：饮用水、电、日常生活常用燃料、室内空间面积、环境卫生和耐用消费品。MPI 是对人类贫困指数(HPI)和人类发展指数(HDI)的进一步完善，MPI 可以反映不同个体或家庭在不同维度上的贫困程度。其取值越小，说明该个体或家庭贫困程度就越低，相反，则越高。

柬埔寨面临的最大障碍是基础设施缺乏。以交通为例，柬埔寨目前仅有南北两条铁路，总长652千米，时速不足30千米，且北线铁路建于1931年，南线铁路建于1960年。同时，柬埔寨也存在电网建设不足、电价较高、产业配套较差等问题。由于多年战乱及政府财政匮乏，农田水利设施建设落后，农业生产率水平低下。学生入学受教育状况不佳，2018年的小学净入学率为90.69％，中学净入学率为55.21％。在电力供应、饮用水、卫生设施等方面，柬埔寨贫困人口的被剥夺程度都高于其他维度。

(三)西哈努克港经济特区的基本情况

柬埔寨是"一带一路"沿线的重要国家，也是"一带一路"建设的最大受益国。"一带一路"倡议与柬埔寨"四角战略"以及《2015—2025工业发展计划》高度契合，柬埔寨政府及社会各界对积极参与"一带一路"建设形成高度共识。2016年10月，中国与柬埔寨政府签署共建"一带一路"谅解备忘录、避免双重征税协定。目前，中国是柬埔寨第一大投资来源国。截至2018年年底，中国对柬埔寨直接投资存量达59.74亿美元，主要分布在水电站、电网、通信、服务业、纺织业等行业。

近年来，随着中资的大量涌入，柬埔寨的西哈努克港经济特区(以下简称"西港特区")迅速崛起为柬埔寨的新经济中心。

西港特区由中国江苏太湖柬埔寨国际经济合作区投资有限公司与柬埔寨国际投资开发集团有限公司共同开发，总体规划面积为11.13平方千米，是中国首批设立的8个境外经济贸易合作区之一，之后被纳入"一带一路"建设框架。经过这些年的建设，西港特区一期基本建成。入驻企业逐年增加，截至2019年年底，园区建有厂房185栋，引入来自中国、欧美和东南亚等国家和地区企业（机构）174家，形成了以纺织服装、箱包皮具、五金机械和木材加工为主导产业的国际化产业园区。

西港特区的发展快，主要得益于其地理位置优越、高层重视、政策优惠、服务配套措施好等因素。

第一，西港特区地理位置优越，交通便利。位于柬埔寨南部的西哈努克省，是柬埔寨的对外开放窗口之一，濒临泰国湾，其港口是柬埔寨唯一的出海口和深水港。西港特区位于西哈努克省，紧邻柬埔寨4号国道，距西哈努克国际深水港及火车站12千米，距西港国际机场仅3千米，海陆空交通便利。

第二，中柬两国政府大力支持西港经济特区的成立和建设。2006年，在"第三届中国—东盟博览会"上，中柬两国领导人正式拉开西港特区建设序幕；2009年，无锡市和西哈努克市正式订立为友好城市，共同推进特区的发展；2010年，中柬政府签署了《中华人民共和国政府和柬埔寨王国政府关于西哈努克港经济特区的协定》，制定了西港特区协调委员会机制，及时为西港特区协调解决发展中遇到的阶段性问题；2014年，柬埔寨西哈努克省和中国江苏省签署了友好合作备忘录；2015年4月，中国国家主席习近平在印尼雅加达会见柬埔寨首相洪森时表示，中国将在"一带一路"框架内加强与柬埔寨的互联互通合作，并特别指出要营运好西港特区。洪森首相对西港特区的建设成就也大加赞赏，并寄望西港特区未来成为柬埔寨的"深圳"。

第三，西港特区利用美国、欧盟及其他发达国家给予柬埔寨的普惠制和最惠国待遇吸引企业入驻并享受进出口税、企业所得税、增值税等多项税费减免优惠。例如，企业用于投资建厂所进口的生产设备、建材、零配件及用于生产的原材料等免征进口关税；入区企业可享受6~9年盈利税的免税期；免征出口税；生产设备、建筑材料免征增值税，等等。

第四，西港特区持续加快跟进服务环境，制定了一系列周到而完整的配套服务措施。在管理方式上通过引入柬埔寨发展理事会、海关、商检、商业部、劳工局、西哈努克省政府代表入驻办公，为企业提供投资申请、登记注册、报关、商检、核发原产地证明等一站式行政审批服务。此外，柬埔寨联合相关单位、机构举办金融服务介绍会、法律咨询会、税收政策解读会等，引导企业遵守法律法规，帮助企业尽快融入当地生产经营环境。

(四)西港特区减贫的综合评价

第一，西港特区扩大了当地人民的就业，改善了其生活水平。作为"一带一路"建设的重要园区，西港特区吸引了大量企业入园，为西哈努克省创造了巨大的经济收益，也创造了就业岗位，提高了当地百姓的收入。西港特区的开发建设为当地人民的生活带来了翻天覆地的变化。之前，这里是无路、无水、无电、无网的荒芜之地。通过建立和发展西港特区，当地人民拥有了工厂、超市、学校、医院等生活服务设施，因西港特区的发展而找到工作，提升了生活水平。

截至 2019 年 8 月，西港特区已引入了来自欧美、东南亚等国家的企业 174 家，为柬埔寨创造了近 3 万个就业岗位，仅属地波雷诺县就有 70% 的家庭在西港特区内工作。2019 年园区实现进出口总额 12.4 亿美元，较 2018 年增长 57%，其中出口 6.6 亿美元，增长 56%，进口 5.8 亿美元，增长 57.6%。[1] 西港特区为西哈努克省带来了极大的社会和经济效益，工业产值对西哈努克省的经济贡献率超过 50%，进一步凸显了其作为西哈努克省经济发展引擎的地位，为当地经济社会发展及人民生

---

① 　江苏一带一路网：《柬埔寨西港特区进出口再创新高》，http://ydyl. jiangsu. gov. cn/art/2020/2/19/art_76375_8977103. html，2020-02-19。

活水平的提高作出了巨大贡献。① 西港特区全面建成后，将实现 300 家企业入驻，增加近 10 万个劳动就业岗位、近 20 万人口流入，为柬埔寨创造更多就业机会，提高其经济的整体增长。

值得注意的是，在 2019 年年底，柬埔寨王国政府发布禁止网络赌博的禁令，多家赌场关闭，导致大批本土员工面临失业。柬埔寨西哈努克省中国商会及时做出反应，帮助面临失业的近 8000 名员工实现再就业，切实发挥了企业与民众之间的桥梁纽带作用。

柬埔寨西哈努克省前省长表示，随着大批中资企业来到西港特区和西哈努克省，本地民众获得了实实在在的利益，全省的经济发展取得了卓越的成就。近年来，西港人民的生活水平不断提高，年人均收入达到 3358 美元，这远高于柬埔寨全国平均水平。目前，西哈努克机场每周起降航班 166 架次。不断完善的立体交通体系，让西哈努克省在轻工业传统优势基础上，迎来了旅游业和服务业发展的新机遇。②

第二，西港特区的建设加快了柬埔寨的工业化进程。在产业定位上，西港特区前期以纺织服装、箱包皮具、木业制品等

---

① 中华人民共和国中央人民政府：《西港特区——中柬合作共赢的样板》，www.gov.cn/xinwen/2018-01/11/content_5255758.htm，2018-01-11。

② 柬埔寨西哈努克省前省长：《我们的繁荣得益于一带一路》，http://www.scio.gov.cn/31773/35507/35515/35523/Document/1659952/1659952.htm，2019-07-22。

为主要发展产业，后期将发挥临港优势，重点引入五金机械、建材家居、精细化工等产业。在西港特区中，金属加工业、服装生产与制造业、生活用品生产与制造业等较为突出，不但增加了当地劳动居民的经济收入，增加了就业，更为柬埔寨的贸易发展新增动力，为推动柬埔寨经济高速发展起到了巨大的作用。同时，西港特区在开发建设的过程中，中国的科学与技术、信息与人才被引入柬埔寨，尤其来到了发展中的西港特区，为柬埔寨未来的发展夯实了基础。

由于园区企业多为"两头在外"的外向型企业，西港特区的发展带动了西港港口的发展，也带动了西港城市的发展。柬埔寨《2015—2025工业发展计划》提出，要将西哈努克省开发为综合性的示范经济特别区。

西港特区董事长陈坚刚表示，在未来，将通过依托现有的培训中心、培训和学习教育相结合、在园区内建一所大学等方式，为柬埔寨工业发展培训更多的产业工人。柬埔寨首相洪森将西港特区视为中柬两国"一带一路"合作丰硕成果的证明。

第三，西港特区的建设提升了柬埔寨的营商环境，有利于吸引外资。根据柬埔寨王国政府投资法和特区管理法的规定，企业入驻特区，可享受一系列税收优惠政策，如用于生产的机械设备、建筑材料、零配件、原材料等免征进口税，最多可获

6 至 9 年的免税期，产品出口免征出口税等。[①] 这将发挥西港特区的平台优势，充分利用当地发展优势及资源禀赋，促进跨国发展。

西港特区建立的与国际接轨的服务体系，包括引入柬埔寨发展理事会、海关、商检、商业部、劳工局、西哈努克省政府入区办公，为企业提供投资申请、登记注册、报关、商检等"一站式"服务，使企业不出园区便可办妥相关手续；建立劳动力市场，定期举办人力资源劳工招聘会，协助企业招工；联合无锡商业职业技术学院共同开展培训工作，为区内员工提供语言及技能培训，培养产业工人；成立法律服务中心，提供专业法律咨询服务，为企业营造了"引得进，留得住，发展好"的运营环境。

如今，新冠肺炎疫情肆虐，导致行业衰退及失业人口增多，"稳经济保民生"成了柬埔寨政府纾解经济困局的关键。西港特区在疫情全球蔓延的背景下仍然表现亮眼，在 2020 年的前三个月实现了进出口总额 3.23 亿美元，比 2019 年同期增长约 37%。特区联合区内企业保生产、稳就业，尽全力筑牢防疫墙，还积极动员区内订单充足的企业吸纳"缩产减员"企业员工，有效缓

----

① 柬埔寨的税收优惠有许多，如合格投资项目在利润税免税期内，免缴税法规定的利润税。免税期构成为：启动期＋3 年＋优先期（全部优惠期最长 9 年）。优先期由财政管理法规定。启动期最长至合格投资项目获利的第一年度，或取得第一次收益后 3 年，以先到者为准。

解了失业问题。

西港特区在减贫建设中也存在以下几个具体问题:

其一,西港特区处于柬埔寨贫困率较低的区域,以此为建设重点,释放中柬合作的减贫效应具有积极意义,但中柬日后的减贫合作可以更多地将柬埔寨贫困人口的地理分布这一因素考虑在内,更多地从减贫视角出发来进行经济合作。

其二,西港的基础设施落后、水电供应短缺,限制了西港特区和"一带一路"进一步释放发展红利。柬埔寨的电力、供水、道路交通等方面虽然已相对改善,但依旧不完善,难以满足企业生产的需要。由于电力的短缺,柬埔寨的电费比邻国高出数倍,导致各行各业的运营成本大大提高,直接限制了企业的经济发展并且降低了产品竞争力,推高了外商直接投资的成本。

其三,在劳动力方面,西港特区缺乏熟练产业工人。柬埔寨是一个传统农业国家,80%的柬埔寨人从事农业。并且,柬埔寨人民受教育水平有限,比较缺乏专业技能。这导致缺乏管理西港特区的专业人才及懂中文的技术人才,因此西港特区的管理和运营水平仍有较大的提升空间。

其四,在投资环境方面,柬埔寨的法律不够健全。该国至今没有颁布《公司法》等商业运营的根本法律,没有建立解决商业纠纷、案件的专口机构或法庭,投资环境存在不稳定性。

其五,柬埔寨政府工作效率较低,审批程序和审批流程比较复杂，中国企业在柬埔寨部分项目的开展一般都是通过私人渠道进行的，相关手续委托当地官员代为办理，缺乏法律保障和制度保障。

三、中国与埃塞俄比亚的农业合作及其减贫影响

埃塞俄比亚是中国在非洲的重要合作伙伴，也是"一带一路"倡议在非洲的支点国家。中埃之间农业合作的形式多样、成果颇多。并且，埃塞俄比亚在历史上曾多次出现粮食危机。因此，从农业合作角度切入讨论两国间农业合作的减贫影响具有重要意义。

(一)埃塞俄比亚的贫困现状

埃塞俄比亚位于非洲之角，处于非洲、中东地区和亚洲的十字路口，人口约为 1 亿，居非洲第二。农业是埃塞俄比亚国民经济和出口创汇的支柱产业，占 GDP 的 34.8%。埃塞俄比亚的农业部门主要由使用初级技术的小农主导，农产品主要用于家庭消费。谷物是最主要的农作物，约占埃塞俄比亚所有作物产量的 88%。埃塞俄比亚的农业受自然条件的约束大，农业基础设施建设急需完善。由于技术和灌溉工程受限，大部分作物

几乎完全依赖降水，这导致作物单产年度浮动大，极易受气候条件的影响。历史上，干旱多次威胁埃塞俄比亚的粮食安全。①

　　按国家贫困线标准，埃塞俄比亚的贫困率为 23.5％，极端贫困人口占比 30.8％（根据世界银行更新到 2015 年的数据）。新冠肺炎疫情肆虐全球，埃塞俄比亚经济学家预测，如果不能采取更加有效的紧急措施来防控疫情，埃塞俄比亚消除贫困的成果将倒退至少 10 年，5000 多万埃塞俄比亚民众将生活在贫困线以下。②

表 5-1　埃塞俄比亚在 2000—2015 年期间极端贫困率的年均降幅③

国家	埃塞俄比亚
开始年	1999
截止年	2015
2000 年的极端贫困率（％）	61
2015 年的极端贫困率（％）	31
2010—2015 年极端贫困率的年均降幅	−1.9
2000 年生活在极端贫困线下的人口数（百万）	40.8
2015 年生活在极端贫困线下的人口数（百万）	31.5
2010—2015 年的贫困人口数差异（百万）	−9.2

　　① 马克·沃尔顿、邓哲远：《援助项目能助埃塞俄比亚减贫吗?》，载《中国投资》，2018 年第 7 期。

　　② 吴婷：《埃塞俄比亚累计确诊 126 例新冠肺炎病例 5000 万民众或将陷入贫困》，http://news. china. com. cn/2020-04-29/content_75988044. htm，2020-04-29。

　　③ 世界银行：《哪些国家贫困率降幅最大?》，https://blogs. worldbank. org/zh-hans/opendata/which-countries-reduced-poverty-rates-most，2019-11-12。

(二)埃塞俄比亚的贫困特征

埃塞俄比亚的贫困人口集中在农村地区。2000—2015 年，埃塞俄比亚实现了大幅减贫，低于国家极端贫困线的人口比例从 2000 年的 61％下降到 2015 年的 24％。从区域上来看，由于政府对城市的集中投资与城市经济的全面快速增长，城市地区取得了显著的减贫成果。但是，大部分贫困人口仍然居住在农村地区，这些家庭往往比城市家庭更大，受教育程度更低，生产性资产也更少。埃塞俄比亚城市地区的贫困率从 2011 年的 26％下降到 2016 年的 15％，而农村地区的进展较为缓慢，同期贫困率只从 30％下降到 26％（根据世界银行更新到 2016 年的数据）。

埃塞俄比亚城乡贫困呈加剧趋势。由于城市和农村地区福利趋势的差异，埃塞俄比亚不平等的现象近年来一直在加剧。虽然消费的区域不平等程度很低，但该国地理边缘的牧地和易旱地区（主要是索马里、阿法尔、南方各族州的南部地区和奥罗米亚的南部和东部地区），在所有社会指标中都落后。

人力资本投入少、减贫困难。埃塞俄比亚的贫困人口往往有以下特点。第一，大多住在农村地区，在抚养比例高的大家庭中，户主大多没有受过教育。第二，贫困家庭往往较为偏远，获得关键基础设施和基本服务的机会也较差。据估计，埃塞俄比亚农村地区有 16％的人长期处于贫困状态，这些人主要集中在南方各族州。第三，尽管埃塞俄比亚近些年在减贫上进行了大量投资并取得了切实的进展，但埃塞俄比亚的人力资本产出仍然很低。世界银行最新调查显示，15～24 岁的儿童中，只有 33％的儿童完成了小学学业，中学总入学率为 31％，39％的儿童(12～23 个月)已接种了所有基本疫苗，26％的儿童在卫生机构出生。

由于新冠肺炎疫情的影响，在不久的将来埃塞俄比亚减贫速度可能会放缓。预计新冠肺炎疫情还将对依赖汇款或出口相关部门的家庭产生强烈影响。低收入的城市家庭也可能因为失业而受到沉重打击，加剧贫困。

(三)中埃农业减贫合作的基本情况

中国与埃塞俄比亚于 1970 年建交后不断签署经贸协定，中国自那时起就开始在埃塞俄比亚从事农业和农村发展援助工作。从 20 世纪六七十年代的成套援建农场、农业技术试验站和推广站，到 20 世纪 80 年代注重技术交流、人员培训，再到 20 世纪 90 年代引入企业参与援助项目。进入 21 世纪后，双边贸易关系逐步发展，2003—2015 年，中埃双边贸易额增长超过 25 倍。目前，中国是埃塞俄比亚最大贸易伙伴、直接投资来源国以及工程承包方，在基础设施建设领域也均有中国企业参与建设。这个时期的中埃农业减贫合作以农业职业教育项目、农业技术示范中心、援非高级农业专家技术合作项目等形式展开，具有以下特征。

第一，中埃农业减贫合作拥有双重政策保障。中国一直将农业合作视为参与非洲减贫事业的重要途径。在中国2014年发布的《对外援助白皮书》开篇就提到，中国的对外援助旨在支持和帮助发展中国家特别是最不发达国家减少贫困、改善民生。这些政策文件显示出中国对非洲农业政策的公共性，中国将促进非洲减贫作为中国向全世界提供的重要公共产品。

事实上，中国与非洲的农业合作减贫机制是嵌入在中国与非洲合作机制之中的，而且中非之间已经构建了多层次、常态化的减贫合作框架——中非合作论坛机制。在2015年中非合作论坛约翰内斯堡峰会上，中国提出了实施中非农业现代化合作计划。中方与非洲分享农业发展经验，转让农业适用技术，鼓励中国企业在非洲开展大规模种植、畜牧养殖、粮食仓储和加工，增加当地就业和农民收入。中方还在非洲100个乡村实施了"农业富民工程"，派遣了30批农业专家组赴非洲，建立中非农业科研机构"10＋10"合作机制。中方高度关注非洲多个国家受厄尔尼诺现象影响导致粮食歉收的情况，向受灾国家提供了10亿元人民币紧急粮食援助。2016年7月，中国和51个非洲国家及非洲联盟负责论坛峰会成果落实的协调在北京举行会议，并在此后逐渐将这一工作内容常态化和机制化，大大提升了中非减贫合作的有效性。

在 2018 年中非合作论坛北京峰会上，习近平宣布，支持非洲在 2030 年前基本实现粮食安全，并同非洲一道制定并实施中非农业现代化合作规划和行动计划。为此，中国计划实施 50 个农业援助项目，向非洲受灾国家提供 10 亿元人民币紧急人道主义粮食援助，向非洲派遣 500 名高级农业专家，培养青年农业科研领军人才和农民致富带头人。

随着"一带一路"倡议的提出，中国与非洲的农业合作被纳入"中非命运共同体"框架之中，农业合作成为中非国家共建利益共同体和命运共同体的结合点。2017 年 5 月，农业农村部、国家发展改革委、商务部、外交部联合发布了《共同推进"一带一路"建设农业合作的愿景与行动》。文件指出，在"一带一路"倡议下，农业国际合作成为沿线国家和地区共建利益共同体和命运共同体的一个最佳结合点。文件还强调，鼓励本国企业参与相关国家农业发展进程，帮助所在国发展农业，增加就业，改善民生，履行社会责任。这意味着，在"一带一路"国际合作框架下，中国将更加重视推动非洲国家减贫事业的发展。

因此可以说，中国与非洲的农业合作拥有了中非合作论坛机制和"一带一路"国际合作机制的双重保障。

中埃农业合作注重以项目为平台、以"授人以渔"为重要合作理念。农业职业教育项目、农业技术示范中心、援非高级农业专家技术合作项目等为中埃主要的减贫合作形式，并且从数量上看，中国对埃塞俄比亚农业援助的项目数量、专家派遣人数、培训人数远远超过发达国家和地区。

第一，2000 年，中国建立了援助埃塞俄比亚的农业技术职业教育与培训项目。中国坚持每年派农业专家到埃塞俄比亚援助，对提高埃塞俄比亚农业技术职业教育与培训水平作出了巨大贡献。20 多年来，中国先后派驻了近 500 名专家到埃塞俄比亚有关大学、学院和研究机构工作，埃塞俄比亚成百上千的农业技师、教师、学生在中国专家指导下接受了作物种植、动物保健等领域的教育和培训。

第二，开展农业技术合作项目。从 2009 年开始，中国政府派遣了第一批高级农业专家赴埃塞俄比亚执行农业技术援助任务，从事领域主要涉及水稻、食用菌、农产品加工、棉花、林业生产与木材加工等专业。迄今为止，已经派遣了 3 期援埃塞俄比亚高级农业专家组。随着农业知识输出保持的稳健步伐，中国在埃塞俄比亚推广了现代农业技术，提高了当地农业的生产率。

第三，中国与联合国粮农组织共同在埃塞俄比亚实施了南南合作项目，以增加埃塞俄比亚农民的收入。中国派出 30 名专家和技术人员，就作物生产、水产养殖、园艺、畜牧和农业提供援助，并取得了很好的效果。截至 2016 年，该团队已经成功转让了 52 项新技术、8 个作物新品种和 31 套农机具。

第四，中国积极建设埃塞俄比亚农业基础设施、农业技术示范中心等项目。2012 年，由中国投资和承建的位于埃塞俄比亚奥罗莫州津奇地区的农业技术示范中心顺利完工并投入使用。建设内容主要包括作物试验和生产示范区修复、农田道路和灌溉设施建设、设备和农业机械捐赠等。项目建成后前 3 年为运营技术合作期，中国派遣专家和技术人员开展技术合作。2019 年 8 月，中国政府向埃塞俄比亚捐赠了 148 套农业设备物资。

第五，中国及时进行人道主义援助。2020 年年初，东非遭遇 25 年来最严重的蝗灾。粮农组织表示，蝗虫目前已在埃塞俄比亚的 160 多个地区大量繁殖，破坏了近 20 万公顷耕地，100 多万人因此陷入粮食不安全境地。面对这种情况，中国也迅速行动。为援助东非部分国家开展蝗灾防治，中国农业农村部配合外交部、国家国际发展合作署制订援助埃塞俄比亚等东非 3 国的蝗灾防控技术方案，并协调国内有关企业积极生产灭蝗药剂、药械和相关物资，为保障埃塞俄比亚的粮食安全提供了很大的帮助。

中非减贫合作的资金主要来自中国企业。中国重视政府援助资金、金融机构贷款、民间资本投资等不同资金来源的融合，发挥各自优势，提高减贫的整体效果。近年来，中国企业对外农业投资进展较快，效果显著。在充分利用两个市场、两种资源的情况下，中国企业数量和总体投资规模稳定增长，投资主体多元化，经营领域逐渐扩大，投资方式、业务类别也逐步扩展，农业对外直接投资的层次和效益进一步提升。截至2017年年底，中国共有717家境内企业在境外设立了851家涉农企业，投资存量173.3亿美元，与"一带一路"倡议提出前相比，翻了两番以上。中国对外农业投资主要集中在大洋洲和亚洲，对非洲投资1.5亿美元，与对其他州的投资比起来，投资体量较小，投资空间仍然较大。

(四)中埃农业减贫合作的综合评价

中埃农业合作促进了减贫经验知识的共享。首先，中国改革开放以来，对农业发展、粮食发展、农村发展方面有过诸多有益的探索和经验，为中埃农业减贫合作奠定了基础。因此，注重非洲农业发展和减贫经验的试验示范是中国对非洲农业政策减贫路径的重要方面。

从中埃农业职业教育项目、农业技术示范中心、援非高级农业专家技术等合作项目中可以看出，这些项目具有明确的促进非洲国家农业发展和减贫实践的导向。以援非农业技术示范中心为例，作为中非减贫合作的主要形式，农业技术示范中心在"一带一路"倡议提出后加快了发展步伐。截至2018年年末，中国已在非洲援建了 25 个农业技术示范中心，将高产优质品种以及我国先进实用的育苗、耕作、植保、施肥、灌溉、收获等配套技术推广到示范中心周边和东道国各重点农区，并在品种试验、技术推广、人员培训等方面开展了一系列活动，为受援国农业技术水平的提高、促进农业农村经济发展发挥了积极作用。例如，埃塞俄比亚农业技术示范中心就已经完成农业机械化、土壤改良、工厂化育苗、地膜覆盖、合理密植与施肥、滴喷灌、设施栽培、沼气、食用菌、架子牛快速育肥、集约化养鸡、养猪、养鱼 13 项农业技术示范。为埃塞俄比亚各州技术人员、高校师生和农民举办各类培训班 15 期，累计培训 660 人次。这就逐渐将农业技术示范中心的试验示范功能转化为当地自主性的生产实践和知识，对于非洲国家减贫具有积极的启示意义。

中埃农业合作推动了非洲人力资源开发和"造血式扶贫"。"自给自足"这一原则深植于中国对走自己发展道路的强烈意识。因此，在中埃农业合作中，中国十分注重埃塞俄比亚自主能力的建设。在中埃农业减贫合作中，中国始终秉持"授人以鱼不如授人以渔"的扶贫理念，并始终坚持"造血式扶贫"的实践，以推动非洲减贫目标的实现。例如，《中国和非洲联盟加强中非减贫合作纲要》提出，中国在 30 余年的改革发展进程中，形成了独特的"中国经验"，在减贫过程中形成了"开发式扶贫"等有效做法，且希望通过与非洲国家交流互鉴，以推动中非减贫合作。在"一带一路"倡议下，中国更加注重促进非洲人力资源的开发合作升级。通过中埃农业合作中频频举办的减贫经验论坛或研讨会，中方为非洲国家举办短期研修培训班、中国国际扶贫中心在为非洲国家举办国际减贫研修班和其他中长期人力资源开发合作方式，促进了双方减贫发展经验的互动和减贫知识的分享。

此外，在"造血式扶贫"指导的减贫合作中，中国也注重与非洲国家农业基础设施的建设。例如，埃塞俄比亚亚的斯亚贝巴莓茶包装及批发贸易公司有一个使用了 3 年的加工厂，是由中国建设的，加工厂主要用于辣木粉生产。埃塞俄比亚面粉工厂有两条生产线，一条是 2008 年购买工厂时同时购买所得，该生产线由中国生产并已经使用了 14 年。两年前，公司由中国购买了另一条生产线。埃塞俄比亚农产工业股份有限公司所有工厂设备均来自中国，功能齐全。

中埃农业减贫合作仍然存在一些问题，具体表现在以下四个方面。

第一，缺乏长期、系统的战略指导。虽然中国对非洲的农业援助已经有几十年的历史，但农业援助方式仍然以项目援助为主，没有制定专门的农业援助战略和规划，没有形成规范的农业发展援助战略文件，因此也就缺乏对农业援助系统的、全面的以及可持续的整体性规划和设计。

第二，尽管多年来，中国针对亚非发展中国家开展了数期的农业人力资源培训班，并邀请了无数发展中国家政府官员、学者、技术人员来中国参加人力资源培训，可是这些不是促进发展中国家发展的决定性因素。所以，我们更应该在发展中国家已有的科学发展目标基础上实施援助项目，在此基础上提供受援国迫切所需的知识、经验、技术，这样才能促进农业发展援助的有效实施，也更能得到受援国政府的认可和支持。

第三，国内各相关部门在农业援助方面缺乏有效的合作机制。现阶段中国援外工作项目规划和审批职能在国家国际发展合作署，商务部负责具体管理，其他有关部门如农业农村部、农业科研机构、农业大专院校等适当参与，但在专家工资、福利待遇等方面相差较大，没有形成外派专家一盘棋的管理理念和方法，致使援助没有达到预期效果。

第四，中国农业援助在方式方法、援助规模等方面还和埃塞俄比亚农业实际发展需求之间存在差距。特别是考虑到中非间的合作，涉及领域主要是在生产性的基础设施方面，直接用于民生改善的农业项目和资金偏少，从而导致普通民众能够直接感受到的"获得感"不足，实际上也影响了中国对非洲减贫合作成效的显现。

第六章 | **"一带一路"建设助力国际减贫事业发展的政策建议**

通过以上分析可见，"一带一路"建设的主要内容以"五通"为脉络，其减贫影响也在基建互通、产能互通、商贸互通、金融互通、民心互通五方面得到论证。为进一步推进"一带一路"减贫效果，需在未来加强政府间在"一带一路"框架下的减贫合作，加大投资力度、以重点工程为引领以推动基础设施减贫；发挥资源禀赋优势、推进产业园区建设以带动产业合作减贫；优化贸易结构、推动自贸区建设以加大贸易减贫；对接农业规划、加强人才培训和项目监管以推进农业合作减贫；推动资金融通和货币流通、加强风险把控以增强金融减贫；加强大学合作和职业教育培训以促进教育合作减贫，并动员各方力量推动减贫合作，构建全方位、宽领域、多渠道的减贫合作大格局。

一、明确将"减贫"纳入"一带一路"建设框架

中国已经在国际减贫领域做出了诸多有益的尝试，在与发展中国家的共同努力下，积极促进各国减贫事业的发展。国际减贫合作是与周边国家政治、经济、文化各方面互动的重要内容，但是目前"一带一路"建设对减贫仍然重视不够。事实上"一带一路"倡议下的各个领域的合作都具有相当大的减贫效应。因此，建议把减贫纳入"一带一路"建设的框架下，集中有限资源以高效达成减贫目标，建立稳定可靠的长效合作机制。具体来说，可以通过"一带一路"倡议加强减贫合作的政治互信，在战略高度上对接中国与相关国家的减贫战略，并从全局出发做好减贫合作的规划。

借助"一带一路"国际合作平台加强政治互信。贫困是众多"一带一路"共建国家所面临的长期而严峻的共同挑战，若靠其自身力量脱贫，进展慢，效率低，需要各国展示出合作应对的共同政治意愿。因此，可以借助共建"一带一路"的契机，积极

利用双边及多边国家领导人会晤、多种形式的双边活动等加强政治对话与高层及政府机构之间的交流，促进双方利益的协调与政策的沟通，增强政治信任。特别是对于某些对共建"一带一路"仍存疑虑的国家，增强政治互信对于开展减贫合作尤为重要。例如，贫困也是印度的一个大问题，中印之间就共同消减贫困开展合作是没有疑问的事，但首先必须进一步增强两国之间的政治互信，否则减贫合作就难以推进。因此，双方需加强政策沟通，增进战略互信，以夯实双方经济、文化合作的基础和前提。

除了加强政治互信，还需要对"一带一路"共建国家已有的减贫战略开展有针对性的对接，将减贫合作有机整合于其中，在现有合作框架内完善减贫合作的各项制度安排，助推减贫合作取得实实在在的进展。例如，在中亚地区，"一带一路"倡议可对接土库曼斯坦的"强盛富民"发展战略、哈萨克斯坦的"2050年发展战略"、吉尔吉斯斯坦的"国家稳定发展战略"等；在非洲，"一带一路"倡议与非盟制定的《2063年议程》对接，把中非合作反贫困纳入合作框架中，分阶段安排合作项目，稳步实施、完成。充分挖掘双方利益聚合点，为后续顺利开展项目层面的合作创造条件，确保减贫合作科学、高效地运转。

减贫是一项具体的事业，在"一带一路"倡议搭建好双方信任的平台并对接过已有战略后，中国和相关国家还需要进一步做好共同的减贫战略和政策规划。通过在"一带一路"建设中签署政府间减贫合作协议，联手制定整体规划，从宏观层面对中国与相关国家开展减贫合作进行统筹，充分利用各自的资源禀赋优势，明确合作原则、框架思路、合作重点领域和合作机制，在充分挖掘各方优势的基础上，找到双方扶贫开发合作的契合点并做好战略对接与项目的分级落地，为双方人民带来实实在在的福祉。对于"一带一路"深入发展的区域或者国家，打造扶贫脱贫示范样本，以点带面，由线到片，逐步形成减贫、脱贫的扩散效应。

减贫是一项宏大的事业。要将减贫合作的理念、原则、思路、合作重点、具体目标从理念变为现实，并向深层次延伸。同时，还需要作出合理的顶层设计，更需要将减贫合作落到实处。

中国和相关国家应共同协商建立迅速的减贫效果评估机制。在此机制下，对减贫工作进行客观评估和分析，把保证成功的经验与模式能迅速反馈给决策层，并且进行推广宣传，对于失败的经验则应迅速做出调整，将损失降到最低并反思总结。同时，实行公开透明、共同监管的制度，明确项目进展情况、资金使用情况，保证扶贫工作的透明与有章可循。

"一带一路"共建国家是一个极为丰富的有机体，想要真正吃准、摸透任何一个国家的情况都绝非易事，需要具备深厚的理论基础和丰富的调研经验。以农业减贫合作项目的监管与评估为例，对农业减贫合作项目的监管与评估关系着项目的有效性和可持续性，也关系着项目运行中的透明化和反腐败，但由于缺乏减贫项目的监管和评估人才，因此需要在未来培养相关的专职人才，建立完善的项目监测评价体系，科学地对减贫项目的社会影响和经济影响进行评估，总结项目经验和成效。

特别是随着"一带一路"建设的深入推进，在合作道路上难免会出现政治风险、文化风险、法律风险、债务风险等，因此更要建立风险预警与信息反馈机制，加强对于减贫合作项目的可控性把握，及时识别、评估、预警合作中可能出现的风险，并制定相应的措施，减少外部环境对双边合作的负面干扰。同时，要常态化地总结经验教训，做好信息反馈工作，把合作中的不利影响降到最低。

二、基础设施减贫：以重点工程为引领，加大投资力度

"一带一路"共建国家的基础设施相对薄弱，推进基础设施建设是实现贫困地区群众生存权和发展权的基础和前提。因此，中国与"一带一路"共建国家进行合作时，需要增强基础设施建

设合作项目对贫困地区的牵引作用，具体包括以下四点。

第一，加大对相关国家基础设施建设的投入。中国可以采用跨国投资、合作建设的办法对相关国家的基础设施及产业进行改善。一方面，继续完善中国与"一带一路"共建国家的陆路贸易通道，如中尼印陆路通道、孟中印缅陆路通道等，建立陆路交通枢纽，促进陆路交通联通，便利贸易活动，并将"一带一路"共建国家的能源、道路等管线建设与陆路联系起来，建设便利基础设施，促进人员及货物的互联互通。另一方面，加大投入力度，加强双方基础设施建设合作，借助亚投行、丝路基金等平台为基建提供资金支持。可以依托"一带一路"倡议中"设施联通"的要求，进行中国优势产能和资本的转移，凭借基础设施建设方面积累的丰富经验，积极参与"一带一路"共建国家基础设施联通规划与工程承包合作。中国既能发挥自身优势对相关国家进行直接投资，又能推动设施联通工作的开展。

第二，对于不同国家，需要考虑到各国不同的经济发展状况、地理区位、资源禀赋等因素，依据各国对基础设施建设的不同需求开展合作。例如，在中东欧地区，目前共建"一带一路"的重点多集中于捷克、波兰、匈牙利等经济发展较好、投资环境相对规范的国家，中国与相对欠发达的中东欧国家合作还有很大的提升空间。规模较小的国家由于财力或技术问题的限制，其基础设施往往更落后，急需中国加大优惠贷款力度，促使"一带一路"建设更多成果惠及中东欧全区域。

第三，发挥基建合作中重大工程的引领作用。例如，在中东地区，要抓住地区交通基础设施的关键通道和重点工程，优先打通缺失路段，积极组建以航空和水运为先导、以公路为基础、以铁路为动脉，集公、铁、水、航等多种运输方式和枢纽港站现代通信为一体的国际运输大通道，实现道路、信息、物流、货物的畅通无阻。在非洲地区，中非可以通过"一带一路"产能合作以重大项目为引领，继续加强在基础设施建设方面的合作，逐步改善非洲大陆基础设施极端落后的现状，为"一带一路"倡议下中国与非洲推进反贫困合作打下牢固的根基。重点推进交通与通信基础设施建设降低贫困人口的生产生活成本，为国外企业在非洲的商业投资活动提供便利，加强非洲与国际社会的信息交流，吸引更多的优秀企业走向非洲，在经济社会发展中不断改善贫困人口的生活质量。以基础设施互联互通为基础，进一步深化中非产能合作，挖掘整合自然文化资源，推动非洲农业现代化以及工业化进程，因地制宜地通过旅游业、养殖业、制造业等产业的发展，助推非洲反贫困进程，创造更多财富优化二次分配，惠及更多贫困人口。

第四，聚焦靶向，通过产能合作、项目合作等，优先发展贫困地区的基础设施，打通与外界联系的通道，为贫困地区人民的生产生活提供基础性保障。促进基础设施建设合作延伸至贫困地区，在已有的基建合作旗舰项目上推动减贫。中国和"一带一路"共建国家应利用发达地区的资金、技术、管理、市场等优势与欠发达地区的自然资源或廉价劳动力进行基础设施建设合作，促进优惠合作项目向贫困地区倾斜，改善偏远地区交通条件。借基础设施建设之机，推动相关贫困地区人民的投工投劳，增加他们的就业机会，拓宽其收入来源，提升其自我"造血"能力。

三、产业合作减贫：发挥资源禀赋优势，推进产业园区建设

产业合作减贫的核心是以产能对接为载体，增强贫困地区自我发展能力，具体包括以下六个方面。

第一，加强规划，发挥各国优势。"一带一路"共建国家地域广，致贫原因、资源禀赋千差万别，因而应因地制宜扶贫，因人因地施策，因贫困原因施策。借助"一带一路"来助推减贫合作，首先要对接国家之间的不同发展优势、不同发展战略，这有利于实现资源的优化配置。例如，中国和西亚、北非国家产业基础和资源禀赋具有较强的互补性和良好的合作基础，应重点加强在钢铁、食品、机械制造、石油与天然气管道建设等

领域的合作，推动落后地区工业化与城市化的进程，创造更多的就业岗位，增进人民的福祉。中国和中亚国家在产能合作上也有极强的互补性，可将中亚国家的产业缺口与中国富余、优质产能对接起来，在促进国民经济发展的同时，为中亚人民提供更多的生产性就业岗位，帮助贫困弱势群体获得体面的工作，从而提升其自我脱贫能力。

第二，强化产能合作政策保障。加强国家层面的政策对话沟通与项目对接，制定产能合作规划，重点支持能够及时惠及民生的重点领域和产业。在金融支持、税收扶持、法律服务和风险防范等方面出台优惠性政策，在产能合作人员往来方面开设"特殊通道"，消除互通障碍，提高通勤的便捷性，为中国和相关国家企业之间的交流合作提供方便。

第三，推进经济合作区和产业园区的建设。以产业园区建设为载体，聚集"一带一路"共建国家稀缺的人才、资金、技术等要素发挥规模效益，利用有限的资源形成最大化的发展，同时也为中国的优势产能、先进的技术和设备"走出去"创造有利条件，进一步推进中国和相关国产能合作、技术转移与产业对接，并将相关国家贫困人口的分布及特征纳入项目的考虑范围，从而将减贫的成果更多地惠及当地的贫困人口，促进相关国家产业的发展和产业结构的优化升级，延伸产业链条，扩大产业规模和实力，增强产业扶贫辐射能力，带动当地就业，增强贫困人口自我发展能力，实现包容性增长。

例如，在南亚地区，可采取投资与援助相结合的方式推动南亚发展。打造工业园区，既可以弥补南亚资金不足的缺陷，又能为中国企业"走出去"提供契机。在东南亚地区，可积极推进建设经济合作区和产业园区，可在自贸区规则与标准协同、产业对接、中小企业合作等领域加强研究与合作。此外，对于农业资源丰富的国家，通过农业园区与工业园区的建设有效开发、利用闲置的土地资源，充分发挥相关国家自然资源和人力资源的比较优势，帮助相关国家提升产品附加值，提高农业生产率，建立本土化的优质产业。

第四，以基础设施互联互通为依托，扩大中国和相关国家在产能方面的合作。例如，在东南亚地区，双方可以依托基础设施建设项目，扩大制造能力和市场规模，提高竞争优势，推进轻纺、医疗、航运、装备制造、电力电网、汽车、新能源、农产品等多领域的产能合作，创新合作方式，通过技术交流合作、装备进出口、工程承包、资本投资等方式提升双方合作产业的发展能力。

第五，培育特色产业。政府需鼓励贫困群众合理开发、充分利用当地特色优势资源，着力培育优势产业，就地脱贫。在特色产业的选择上，"一带一路"共建国家或地区应充分利用当地的资源禀赋，充分发挥当地的比较优势，选择要素较为丰裕的产业，如农林产业、加工产业、旅游休闲产业、油气产业等，应抓住国际产业转移、国际产业分工、产能合作等机遇，找到经济发展引擎。

第六，抓住电商发展商机，促进电商扶贫发展。互联网的应用和大数据时代的来临为减贫合作提供了新契机。互联网与大数据的应用是贫困地区产业发展的有效工具。电商平台带动型是依托互联网电子商务平台，使农户直接或通过龙头企业、合作社带动农户网销农特产品的组织模式。"一带一路"共建国家或地区可制定电商扶贫的发展规划，为贫困地区脱贫提供指导意见，在电商扶贫组织模式和利益联结机制上，可借鉴中国的经验。

四、贸易减贫：优化贸易结构，推动自贸区建设

贸易合作不仅有助于改善民生，提高人民生活质量，为广大贫困人口提供就业岗位，推动工业化进程，从根本上帮助贫困人口脱贫，而且也有助于中国企业开拓更广阔的市场，实现中国经济结构调整，产业转型升级，促进中国经济的发展。因此，做好以经贸合作推动减贫的路径优化，对提高减贫合作效益具有重要意义，具体包括以下四方面。

第一，建立国家定期协商机制，实时优化经贸投资方式完善经贸合作机制，实现国家间的优势互补，维护中国与相关国家经贸合作的稳定发展。充分发挥政府的作用，通过建立信息库为企业提供了解相关国家的市场信息以及贸易、投资风险的有效渠道，并以座谈会、讲座媒体等多种形式进行宣传，使企业全面把握相关国家市场、法律、标准以及可能遇到的风险。

第二，借助"一带一路"建设平台，扩宽贸易渠道，发挥贸易的"涓滴"效应。促进中国与相关国家的经贸合作，创造大量的就业岗位，激发市场活力，有效缓解相关国家的贫困问题。要想形成长效、稳定的反贫困合作机制，提高双方经济贸易水平是根本。因此，需要利用"一带一路"倡议，继续扩大双边贸易规模。例如，南亚国家可充分利用孟中印缅经济走廊、中巴经济走廊、孟印缅斯泰经济合作组织等，拓宽合作渠道，促使经济贸易机制和政策能够落到实处并发挥效用。中国需为相关国家提供优惠贸易政策，鼓励相关企业对中国出口，提升双方贸易便利化程度，加快推进海关、质检的相互认证合作。

第三，优化贸易结构，改善"一带一路"共建国家贸易逆差现象。中国与大部分"一带一路"共建国家都存在贸易顺差，为了加强贸易的"涓滴"效应，中国一要加强与相关国家之间的沟通交流，充分认识到贸易对相关国家本土工业特别是优势行业的影响。二要采取措施在一定程度上合理调节某些中国产品对相关国家的出口量,为相关国家本土优势行业发展提供空间,以便提供更多就业机会。三是中方企业发挥好技术优势、管理优势以及资金优势,与相关国家本土企业联手组建合资企业,推动中国和相关国家的技术转移与产业对接,为相关国家本土制造业发展提供帮助。四是开拓双方市场,完善各自进出口商品结构。中国优势产业为工业制成品,而许多"一带一路"共建国家的初级产品出口比较有优势,双方应在各自优势产业的基础上,加大投资,转移技术,提高商品质量与性能,优化出口商品,提高中国与这些国家的贸易水平。中国应尽可能多地从相关国家进口高附加值产品,使相关国家成为部分进口产品的来源地,同时提高自身出口产品的不可替代性,缩减贸易逆差。

第四,加快中国与"一带一路"共建国家自贸区建设。简化通关程序,不断提高贸易自由化水平,降低关税壁垒及交易成本,减少非关税壁垒的阻碍,提高自由贸易协定的开放度。通过充分发挥自贸区的规模经济、优化资源配置等特点,支持自贸区框架下的经济技术合作。在自贸区的支持下,中国与"一带一路"共建国家应加强相关产业的对接,增强产业链的优势互补与产业间的整体配套合作,从而达到扩大双边货物交易的市场规模,实现双方贸易的可持续发展,让欠发达地区在实现货物贸易自由化中得到更多实惠。

五、农业合作减贫：对接农业规划，加强人才培训和项目监管

为了更好地推进"一带一路"倡议下的减贫合作，相关国家应从宏观规划、政策支持、农业人才培养等方面入手，推动农业合作的深入开展。

第一，对接中国与"一带一路"共建国家的农业合作国家规划，推进农业减贫合作的机制化建设。从案例研究中也可发现，国内各相关部门在农业援助方面缺乏有效的合作机制，因此，需要把握"一带一路"建设带来的合作机会，全面梳理双方农业合作领域的竞争优势，制定出适合中国与相关国家农业合作重点产业、重要产品和投资方向的农业合作国家规划，将中非合作的经验、模式进行总结，以加强减贫合作的机制化建设。

宏观方面，相关部门要制定相关规划，引导企业开展与"一带一路"共建国家的农业合作，引导企业有步骤地实施对外投资，避免无序竞争；确定政府各部门、科研等系统在加强双边农业合作中发挥的角色，做好服务工作；增强对外直接投资对国内农业产业结构调整的带动作用，更注重国内农业竞争力的提高。

微观方面，中国与"一带一路"共建国家可探索建立政府间的农业对外投资咨询服务公司，从两国政府、科研机构及大型对外农业企业中抽调相关人员，为有对外投资需求的农业企业，提供从投资方向的选择到融资模式再到盈利模式的设定，以及风险提示与监测等全方位、可行性方案的设计与指导，确保"走出去"企业能够盈利，进而带动双边投资与贸易合作的不断深入，确保国家合作倡议的实现。

第二，构建合理的农业减贫合作政策支持体系。在农业投资保护、农业合作支持与优惠政策方面需要加大与"一带一路"共建国家的磋商，为相关部门和企业塑造良好的农业合作环境。让国内农业优惠政策普及"走出去"的企业，重点支持发展基础好的跨国农业企业，提高政策支持力度和服务能力。

具体来说，一是要完善农业合作的金融保险支持体系。鼓励金融机构积极创新为农产品国际贸易和农业"走出去"服务的金融品种和方式；在已建成或构建的丝路基金、上合组织开放银行、金砖国家新开发银行、亚洲基础设施投资银行等金融平台的支持下，探索现有银行体系投资模式创新；注重发挥保险公司的积极作用，为农业生产和投资等提供保障，提高企业对外投资与合作的积极性。二是制定合理的关税与补贴政策。对于中国企业在国外建立的农产品基地，应该给予与国内同等的甚至更高的良种补贴、种粮农民直接补贴和农资综合补贴等粮食补贴政策。三是对农产品加工贸易项目下的出境农用设备等给予一定的出口退税政策，制定合理的农产品贸易关税。四是为"走出去"企业人员的交流提供方便，设定人才流动绿色通道。

第三，为了更好地推动两国农业科技合作，要加快设立农业科技支持与人才培训中心。一直以来，中国都十分重视农业减贫项目中的人才建设。为了对人才建设进行进一步细分，在未来可打造农业减贫合作技术人才、管理人才、企业家和农业咨询四支队伍，针对"一带一路"共建国家从事农业的相关人员进行农业技术、政策法规、投资贸易、风险防控和对外合作等多领域的培训。同时，加强大学间的农业科技联盟。联合农业科学院、大学和有实力的涉农企业，建立中国与"一带一路"共建国家的农业科技联盟，大力推进科学家交流和中国与"一带一路"共建国家研究生联合培养项目。

第四，加强对农业减贫合作项目的监管与评估。对农业减贫合作项目的监管与评估关系着项目的有效性和可持续性，也关系着项目运行中的透明化和反腐败。然而，对中国在海外减贫项目的监管和评估人才缺乏，还需培养相关的专职人才，建立完善的项目监测评价体系和科学合理的农业国际项目监测评价指标体系，科学地对减贫项目的社会影响、经济影响进行评估，总结项目的经验和成效。

六、金融减贫：推动资金融通和货币流通，加强风险防控

中国在和"一带一路"共建国家的合作过程中，无论是基础设施建设、产能合作还是经济贸易往来都需要资金融通的保驾护航，因此要继续加强在金融领域的合作，保证"一带一路"各领域反贫困合作的充足资金来源。

第一，拓宽融资渠道。充分发挥中资银行作用，积极创新金融产品与服务，激发市场活力，发挥市场力量，调动各种资源，依托亚洲基础设施投资银行、亚洲开发银行等相关融资平台，发挥引领撬动作用，为中国和"一带一路"共建国家进行减贫合作项目提供多渠道的金融支持，拓宽融资网络渠道，增强扶贫资金供给保障能力，有效填补双方在基础设施建设等反贫困合作领域中的资金缺口。

第二，加强货币流通，营造和平发展环境，推动经济发展。货币兑换与结算惯例给中国与一些"一带一路"共建国家（如南亚国家）的经济合作带来了一定的阻碍。货币流通可以减少流通成本，提高国家抵御金融风险的能力，推动人民币国际化的实现。为进一步推动货币流通，中国和相关国家可采取

以下措施。一是可以互设金融机构，完善货币互换机制。中国可以通过在相关国家设立银行等方式加强人民币的跨区域流通，扩大人民币的使用范围与交换额度。二是加强银行间债券市场的联通，拓展人民币回流机制。通过资本项目的开放，推动债券市场的开放，吸引投资者的目光，提高人民币持有者的使用意愿，促进人民币回流，提升人民币的国际地位。三是做好政策优化。适当放宽政策与放松管制，通过一定程度的政策倾斜，营造良好的投资环境，以充分发挥企业在反贫困合作中的作用。

第三，加强金融监管与风险把控。中国和"一带一路"共建国家应充分利用对话与沟通机制，建立有效的双边金融监管合作体系，积极打造良好的"一带一路"投融资环境。同时，还要加强风险评估与风险管理工作，充分将相关国家基础设施薄弱、政局动荡、金融市场不健全等风险因素纳入考量，建立与完善双方反贫困合作项目的风险评估与应对机制。提高企业的风险防范意识，促进对外经济贸易合作的健康开展。

第四，发挥好金融机构对贫困人口创业与就业的支持作用，制定为相关国家贫困人口提供小额担保贷款等相关政策，并提供相应的创业咨询与指导服务，通过提供创业资金与技术支持鼓励贫困人口实现自我脱贫。

七、教育合作减贫：加强大学合作和职业教育培训

教育落后是贫困的根源。重视贫困地区的教育不仅关乎当下，还关乎下一代。因此，"一带一路"减贫合作必须高度重视贫困地区的人力资源开发，努力提高农村贫困人口素质。

第一，重视教育合作减贫，防止贫困代际传递。相关国家应搭乘"一带一路"的东风，加强社会文化交流，与中方合力搭建跨境办学的合作平台，构建"国际教育共同体""教育政策对话机制"并积极打造"一带一路"大学联盟，通过开展合作办学、研究交流、学生互换、项目培训等方式，整合双方的优势资源，开展更广泛的文化交流，推动双边教育事业的发展，培养更多高精尖人才，以教育促进双方经济社会的全面提升和发展，为相关国家和地区经济的社会发展提供人才支撑。

以南亚为例，中国与南亚合作办学项目仅有 4 个，高等教育合作动力、机制和成效明显不足，需要在未来增加中国与南亚合作办学数量。人口素质和能力影响着反贫困工作的开展和效果，提高双方贫困人口受教育水平和职业技能，是实现贫困人口脱贫致富、贫困地区可持续发展的根本途径。

第二，加强中国与相关国家在职业教育领域的合作培训。

中国与相关国家之间产业合作的不断转型升级，促进了相关国家新一轮的产业调整，基础设施建设、金融业务、能源开发、外语培训国际贸易等各个领域将产生巨大的专业技能人才缺口，因此将职业教育作为双方教育合作的重点领域势在必行。中国和相关国家应当强化职业教育培训领域的合作，创新合作模式，加大资金投资力度，联手创办更多的职业教育学校，针对产业园区用工的需求，加强对贫困人口进行职业技能培训，让其掌握基本的谋生技能，拓宽贫困人口就业渠道。

第三，促进双方的文化产业合作，使文化贸易向多元化发展，拓展交流的领域和渠道。文化是人与人沟通的重要桥梁，是国家之间深化理解的重要载体。文化交流不仅使双方人民之间的联系更加密切，还会促进文化创意产业的发展，因此，双方应寻找地区的优势特色文化，并对其进行包装宣传，将其打造成文化产业扶贫的精品，同时还能为深化减贫合作、推动全方位合作夯实社会民意基础。

第四，注重民生领域的合作，防止因病致贫、因病返贫。强化与相关国家在疫情防治、人才培养、信息沟通领域的医疗合作，提高共同处理紧急公共卫生事件的能力；为相关国家提供医疗援助，解决贫困地区人们看病难的问题；定期举办中国与相关国家卫生部长会议，探讨双方卫生合作扶贫的优化路径，加强双方医疗机构的直接合作；支持相关国家对中医药领域的探索并提供必要的技术支持，支持双方开展健康产业领域的合作，最终达到促进双方医疗卫生水平、减少因病致贫现象的目的。

八、动员各方力量推动减贫合作

减贫工作是一项复杂而又艰巨的工程，仅仅依靠政府主导的扶贫工作不足以解决复杂的贫困问题。"一带一路"不仅是一项政府间的倡议，还是将各国企业和国际组织等力量包括在内的倡议。因此，在推进"一带一路"减贫过程中，应充分动员社会各个阶层的力量，构建全方位、宽领域、多渠道的减贫合作大格局，提高减贫合作的效率。

第一，要充分利用现有的双边和多边机制，与国际组织在"一带一路"共建国家开展减贫合作。一是利用世贸组织、中阿论坛、中非论坛等机制，加强政府之间的常态化磋商，积极沟通、了解彼此的诉求，共同制定中长期的反贫困合作路线图，发挥好政府的引导作用。二是中国和"一带一路"相关国应精诚合作，增加在国际组织中的话语权、表决权和决策权，为双方合作减贫提供有利的制度环境，争取更多的对外援助资金流入双方反贫困合作领域。三是吸收借鉴世界各国减贫合作经验，充分利用国际多边组织的资金、人才、物资、文化等援助，广泛与联合国开发计划署、粮食计划署、世界银行、世界粮农组织等机构在扶贫领域开展合作交流，广泛借鉴世界各国及国际组织的减贫合作经验，引进新的扶贫技术、理念、模式、资金，以探索更为广阔的合作反贫困机制。

第二，在减贫资金筹措方面，要充分利用好亚洲基础设施开发银行、亚洲开发银行、亚投行以及丝路基金等资金平台，拓宽资金的来源渠道，为减贫合作输入充足的"血液"，填补基建资金的缺口。

第三，鼓励和支持中国有实力的大型企业积极参与减贫事业，给予政策引导与优惠。通过在相关国家寻找诚信的合作伙伴，优选安全区域，通过兴办工业园区投资大型项目等方式，加快"一带一路"欠发达地区的开发，实现国家需要与企业发展的有机结合，在获得企业自身发展的基础上激发相关国家贫困地区的内生动力，从而实现摆脱贫困的目的。

第四，积极吸纳社会第三方组织的力量。中国和相关国家政府应持开放欢迎的态度，积极吸纳各种社会组织参与惠及民生事业公共服务、人文交流、医疗援助等各项事业合作中来。中国和"一带一路"共建国家政府应完善外资扶贫新模式，积极探索国外民间组织参与本国政府扶贫项目、国外民间组织与本国民间组织合作实施反贫困项目、外资扶贫项目，从而推动贫困地区发展等有效途径和方式。

后　记

　　本书是中国国际扶贫中心委托研究项目"'一带一路'建设减贫影响研究"（编号：2020023-4)的研究成果之一。该研究项目的主持人为胡必亮教授，主要参与人包括刘诗琪、陈志华、周敏丹、鄢姣、刘倩、张梦雨、刘清杰、吴舒钰、林琳和张婷婷。本书的基本思路、主要内容和篇章结构由胡必亮教授设计，第一、第二章由周敏丹撰写，第三章由鄢姣撰写，第四章由陈志华撰写，第五、第六章由刘诗琪撰写，全书的统稿工作由胡必亮和周敏丹共同完成，刘倩、林琳和张婷婷参与了部分章节的文献梳理工作，刘倩还协助胡必亮撰写了该项研究的申报材料。笔者感谢中国国际扶贫中心的谭卫平副主任、卢立群处长、徐丽萍副处长以及贺胜年、吕申申、赵美艳和武黎明等专家对该研究的指导和支持！由于笔者的水平有限，不足之处还望专家学者及读者批评指正！

作者
2023 年 1 月

图书在版编目(CIP)数据

"一带一路"与全球减贫/周敏丹,鄢姣,胡必亮等著. —北京:北京师范大学出版社,2023.3

(高质量共建"一带一路"丛书)

ISBN 978-7-303-28848-9

Ⅰ.①一… Ⅱ.①周…②鄢…③胡… Ⅲ.①扶贫-研究-世界 Ⅳ.①F113.9

中国国家版本馆 CIP 数据核字(2023)第 032297 号

营 销 中 心 电 话 010-58805385
北 京 师 范 大 学 出 版 社
主题出版与重大项目策划部 http://xueda.bnup.com

YIDAIYILU YU QUANQIU JIANPIN

出版发行:北京师范大学出版社 www.bnup.com
　　　　　北京市西城区新街口外大街 12-3 号
　　　　　邮政编码:100088
印　　刷:北京盛通印刷股份有限公司
经　　销:全国新华书店
开　　本:710 mm×1000 mm　1/16
印　　张:10.75
字　　数:120 千字
版　　次:2023 年 3 月第 1 版
印　　次:2023 年 3 月第 1 次印刷
定　　价:72.00 元

策划编辑:祁传华　　　　责任编辑:李灵燕
美术编辑:王齐云　　　　装帧设计:王齐云
责任校对:陈　民　　　　责任印制:赵　龙